Perlen der Weisheit

ANTHONY DE MELLO

HERDER spektrum

Band 6210

Das Buch

Wie Perlen an einer Schnur erschließt dieses Buch das weisheitliche Denken Anthony de Mellos, zeigt seine Suche nach dem Sinn des Ganzen und beleuchtet es an zentralen Stichworten – von „Abschied“ über „Mut“ und „Schönheit“ bis „Zweifel“. De Mellos Texte wollen nicht analysieren, belehren oder unterweisen, sie wollen zündender Funke und Stein des Anstoßes sein. Vor allem anderen wollen sie befreien – von Unwissenheit und vorgeblichem Wissen. Dieses Buch versammelt kleine Kostbarkeiten aus dem Werk Anthony de Mellos. Es gehört zur Eigenart dieser Perlen, dass sie in Bescheidenheit gefasst sind. Oft sind es kleine Geschichten, die harmlos daherkommen. Man unterschätze sie nicht. Sie können verwandeln. Man muss nur die richtigen Perlen finden, diejenigen, die das eigene Leben betreffen. So sind sogar Zauberperlen zu finden.

Der Autor

Anthony de Mello, 1931 – 1987, indischer Theologe, Jesuit, Psychologe, Gründer des Sadhana Instituts für transpersonale Persönlichkeitsarbeit – und weltweit bekannter Weisheitslehrer. Zahlreiche Veröffentlichungen. Bei Herder spektrum u.a.: Gib deiner Seele Zeit; Warum der Vogel singt; Eine Minute Weisheit; Eine Minute Unsinn; Weisheit kommt aus dem Herzen.

Die Herausgeberin

Michaela Diers, Dr. phil., geboren 1956, ist freie Autorin zahlreicher Veröffentlichungen.

Perlen der Weisheit

Die schönsten Texte von

ANTHONY DE MELLO

Herausgegeben von
Michaela Diers

HERDER

FREIBURG · BASEL · WIEN

www.herder.de

Umschlagkonzeption und -gestaltung:
R·M·E Eschlbeck / Hanel / Gober
Umschlagfoto: © plainpicture

Innengestaltung:
Weiß-Freiburg GmbH, Graphik & Buchgestaltung
www.weiss-freiburg.de

Herstellung:
fgb · freiburger graphische betriebe
www.fgb.de

Gedruckt auf umweltfreundlichem, chlorfrei gebleichtem Papier
Printed in Germany

ISBN 978-3-451-06210-0

INHALT

EINFÜHRUNG

ANTHONY DE MELLO wurde am 4. September 1931 in Mumbai (Bombay) geboren. Seine Eltern stammten aus Goa, einer Region an der Westküste Indiens, die bis ins zwanzigste Jahrhundert hinein portugiesische Provinz war. So erklärt sich, dass de Mello, obgleich Inder, in eine westlich geprägte, katholische Familie hineingeboren wurde.

Bereits im Alter von 16 Jahren schloss er sich dem Jesuitenorden an, dem er bis zu seinem Tod angehörte. Er studierte Philosophie in Spanien und christliche Theologie in Pune (Indien). Während seiner Studien vertiefte er sich auch in die spirituellen Traditionen Indiens. Auf die Priesterweihe im Jahr 1961 folgte ein Psychologiestudium in den USA, in dem er sich mit modernen Therapieformen vertraut machte. Nach seiner Rückkehr nach Indien übernahm er leitende Funktionen seines Ordens, führte spirituelle Exerzitien durch und gründete schließlich das „Sadhana Institut“: ein religiöses Beratungs- und Ausbildungszentrum, ein Ort der spirituellen Suche, der Lehre und Begleitung auf dem Weg hin zum Erwachen, zur Erfahrung Gottes beziehungsweise der letzten Realität.

Rasch verbreitete sich de Mellos Ruf als spiritueller Lehrer. Seine Bücher fanden viele Leser und wurden in zahlreiche Sprachen übersetzt. Vortragsreisen führten ihn rund um den Globus. Auf eben einer solchen Reise befand er sich, als er am 1.

Juni 1987 in der Fordham Universität in New York völlig überraschend einem Herzinfarkt erlag.

Man wird in de Mellos Schriften auf einen liberal gesinnten, lebensklugen Mann treffen, der über eingehende Kenntnisse der zeitgenössischen Psychologie verfügt. Vor allem anderen aber ist er ein großer Kenner der religiösen Traditionen der Welt, der in seinen Schriften auf uraltes spirituelles Wissen zurückgreift. Ein besonderes Anliegen ist es ihm, die alten Texte für moderne Leser zu öffnen. „Alles", so de Mello bescheiden über seine Bearbeitung der traditionellen Weisheitstexte, „was der Autor getan hat, war, sie mit einem bestimmten Hintergedanken zusammenzustellen. Seine Arbeit war die des Webers und des Färbers; an Stoff und Faden hat er kein Verdienst".

So finden in die Bücher de Mellos die Werke der taoistischen Philosophen Laotse und Dschuang Dsi, also die Weisheiten des Alten China, Eingang, nicht anders als die Weisheitstexte Altindiens, sei es in Form der hinduistischen oder der buddhistischen Tradition. Der Sufismus, die Mystik des Islam, und der Chassidismus, die Mystik des Judentums, sind vertreten und natürlich auch die Werke der christlichen Mystiker und Mystikerinnen. Diese die Kulturen und Epochen übergreifende Perspektive wird in Gestalt des Meisters sinnfällig, der in de Mellos Werken auftritt: „Er ist" – so de Mello –„Laotse und Sokrates, Buddha und Jesus, Zarathustra und Mohammed. Seine Lehre findet man im 7. Jahrhundert vor Christus und im 20. Jahrhundert nach Christus. Seine Weisheit gehört Ost und West gleichermaßen."

Wie kaum ein anderer ist Anthony de Mello für diesen spirituellen Brückenschlag zwischen den Kulturen geeignet, denn in seiner Person treffen Ost und West aufeinander und durchdringen sich gegenseitig.

Im Zentrum steht für de Mello die lebendige spirituelle Erfahrung. Die Religionen, aus deren Erbe er schöpft, schätzt er zwar, doch er bemängelt auch deren Tendenz, dogmatisch zu erstarren. Zwiespältig ist nicht minder sein Verhältnis zu Theologie und Philosophie, die in ihrem Bestreben, das eigentlich Unfassbare theoretisch fassbar zu machen, den Zugang zur lebendigen Erfahrung eher verstellen als eröffnen.

De Mellos Texte wollen nicht analysieren, belehren oder unterweisen, sie wollen zündender Funke und Stein des Anstoßes sein. Vor allem anderen wollen sie befreien. Befreien wovon? Von Unwissenheit, oder besser: von jenen Systemen vorgeblichen Wissens, die das Denken und folglich das Leben bestimmen. Die Inhalte dieser Systeme differieren nach Epoche und Kulturkreis, sie sind religiös oder auch weltlich – Unterschiede, die für de Mello im Grunde unerheblich sind. Erheblich ist, dass sich Menschen in ihnen verlaufen, ja verlieren. Handelt es sich doch um eingefahrene Strukturen der Wahrnehmung und Bewertung, an denen festgehalten wird, auch wenn sie bereits hinderlich, ja absurd geworden sind. Statt dem lebendigen Fluss des Lebens zu folgen, verfängt sich der Mensch in Bewertungen, in all dem, was angeblich notwendig und unabänderlich ist... und das, was den Namen Leben verdient, findet einstweilen ohne ihn statt.

Und weil es sich so verhält, wird de Mellos Brückenschlag zwischen Ost und West auch zu einem internationalen Narrentreffen. Die Farben und Formen der Narrenkappen mögen sich unterscheiden – die Narretei bleibt sich gleich: besser das Altbekannte, auch wenn es das altbekannte Unglück ist, als die Ungewissheit des Neuen.

Allerlei verwunderliche Gestalten tummeln sich auf de Mellos multikulturellem Narrenschiff. Unter ihnen befindet sich ein kleiner Frosch, der aus dem Werk des großen Dschuang Dsi in die Schriften De Mellos gehüpft ist. Er ist eigentlich kein unsympathischer Geselle, auch wenn er ein rechter Gernegroß ist, der sich selbst gerne quaken hört. Schließlich nennt er ja einen wunderbar verschlammten Brunnen sein eigen und – so jedenfalls bei Dschuang Dsi – blickt stolz auf Muscheln, Krabben und Kaulquappen, die mit ihm das Brunnenloch bewohnen, herab.

Als ihm jedoch der Meeresfrosch vom weiten Ozean berichtet, bleibt ihm die Luft weg. Bei de Mello (vgl. S.XX) fängt er sich schnell wieder und ist sich – weil nicht sein kann, was nicht sein darf – sicher, dass der Meeresfrosch ein frecher Lügner ist. Bei Dschuang Dsi überbringt die offenbar etwas glaubhaftere Meeresschildkröte die unliebsame Botschaft. Der Brunnenfrosch ahnt Fürchterliches und wird angesichts der Möglichkeit, dass die Schildkröte recht haben könnte, vor Schreck ohnmächtig.

Wie gut, dass die Geschichte in längst vergangenen Zeiten irgendwo in den entlegensten Regionen des Alten China spielt. Oder vielleicht doch nicht?

Wenn man es recht bedenkt, wohnt der kleine Frosch überall dort, wo Menschen ihren beschränkten Horizont absolut setzten, sich in Gedankensysteme und Bewertungen einmauern und sodann ihr Gefängnis als Heimat verteidigen.

Man mag das große Wort von der „Erleuchtung“ an dieser Stelle ruhig beiseite lassen. Im Falle von Brunnenbewohnern ist das „Mir geht ein Licht auf!“ erhellend – und das heißt: schockierend, genug. Tapferkeit ist nun gefragt. Doch auch die Weite des sich neu erschließenden Horizontes, der Gewinn an Freiheit und Lebendigkeit ist zu bedenken. Vielleicht lohnt es sich ja, kein Frosch zu sein, und das Wagnis zu unternehmen, über den eigenen Brunnen- beziehungsweise Tellerrand hinauszublicken.

Wie sich in einer Kette Perle an Perle reiht, versammelt dieses Buch kleine Kostbarkeiten aus dem Werk Anthony de Mellos. Es gehört zur Eigenart dieser Perlen, dass sie in Bescheidenheit gefasst sind. Oft sind es kleine Geschichten, die harmlos daherkommen. Man unterschätze sie nicht. Sie können verwandeln. Man muss nur die richtigen Perlen finden, diejenigen, die das eigene Leben betreffen. Wie aber findet man sie? Auch hier weiß Dschuang Dsi guten Rat und erzählt die Geschichte von einem mächtigen Herrscher, der seine „Zauberperle" verloren hat: „Er sandte Erkenntnis aus, sie zu suchen, und bekam sie nicht wieder. Er sandte Scharfblick aus, sie zu suchen, und bekam sie nicht wieder. Er sandte Denken aus, sie zu suchen, und bekam sie nicht wieder. Da sandte er Selbstvergessen (d.h. das Vergessen des Ich) aus. Selbstvergessen fand sie." Man lese das Buch also, wie man eine Landschaft durchschlendert. Wer nicht sucht, der findet. Und wer weiß, vielleicht ist ja auch die Zauberperle dabei.

Michael Diers

ABHÄNGIGKEIT

ABHÄNGIGSEIN – wie kommt es dazu? Zuerst aus der Beziehung zu etwas, was Ihnen Spaß macht: ein Auto, ein faszinierendes neues Gerät, das die Werbung anpreist, ein Wort des Lobes oder die Gesellschaft eines Menschen. Darauf folgt der Wunsch, dies festzuhalten, das befriedigende Gefühl wiederzuhaben, das diese Sache oder dieser Mensch in Ihnen geweckt hat. Schließlich sind Sie überzeugt, dass Sie ohne ihn oder sie oder die bestimmte Sache nicht glücklich sein können, denn Sie haben das Vergnügen, das es mit sich bringt, mit Glücklichsein gleichgesetzt. Damit sind Sie in eine regelrechte Abhängigkeit geraten. Mit ihr geht unvermeidlich einher ein Ausschließen alles anderen, ein Blindsein allem gegenüber, was nicht irgendwie zu dem gehört, woran Ihr Herz hängt. So oft Sie sich auch von dem Objekt Ihrer Abhängigkeit zu trennen suchen, Ihr Herz bleibt doch daran hängen, auch wenn Sie sich bereits mit etwas anderem befassen. Die Sinfonie des Lebens geht weiter, doch Sie schauen zurück, halten an ein paar Takten fest, verschließen vor den übrigen Klängen der Musik die Ohren und schaffen dadurch Disharmonie und Spannung zwischen dem, was das Leben Ihnen anbietet und dem, woran Ihr Herz hängt. Die Folge davon sind Spannung und Angst, die für die Liebe und die freudige Freiheit, die die Liebe mit sich bringt, den Tod bedeuten. Denn Liebe und Freiheit lassen sich nur finden, wenn man auf jeden einzelnen Ton, der erklingt, mit Freude hört und ihn verklingen lässt, um dem nächsten wieder aufmerksam zu lauschen.

Wie lässt sich solches Abhängigsein ablegen? Viele versuchen es durch Verzicht. Doch auf ein paar Takte Musik zu verzichten, sie aus seinem Bewusstsein zu löschen, führt zu genau derselben Gewaltsamkeit, Spannung und mangelnden Empfänglichkeit, wie dies beim Sich-Anklammern der Fall ist. Wieder haben Sie sich verhärtet. Das Geheimnis liegt darin, auf nichts zu verzichten, sich an nichts zu klammern, sich über alles zu freuen und damit einverstanden zu sein, dass alles vorübergeht und fließt.

Wie ist dies zu erreichen? Durch die in langem, geduldigem Beobachten gewonnene Einsicht, wie verkehrt und zersetzend solche Abhängigkeit ist. Im allgemeinen sind Sie auf die freudige Erregung, den Blitz von Freude, die sie bringt, konzentriert. Aber bedenken Sie die Angst, den Kummer, die Unfreiheit bei all dem. Und bedenken Sie zugleich die Freude, den Frieden die Freiheit, die Sie immer erfüllt, wenn Sie sich von etwas lösen, woran Sie hingen. Dann werden Sie nicht mehr zurückblicken und von der Musik des jeweiligen Augenblicks entzückt sein.

ABSCHIED

GOTT SAGT: „Gib mir dein Herz" ...
Und dann, als er meine Verlegenheit sieht,
höre ich seine Antwort:
„Wo dein Schatz ist, da ist auch dein Herz."
Meine Schätze – das sind:
Menschen ... Orte ... Tätigkeiten ... Dinge ...
Erfahrungen von früher ... (...)

Ich hebe jeden Schatz auf, sage ihm etwas
und stelle ihn vor den Herrn ...
Wie aber kann ich ihm diese Schätze „geben"?
In dem Maß, wie mein Herz
in diesen vergangenen Schätzen ist,
bin ich versteinert und tot,
denn Leben ist nur im Gegenwärtigen.
So sage ich denn all diesen vergangenen Schätzen,
diesen goldenen Gestern, Lebt wohl.
Jedem einzelnen rede ich gut zu und erkläre ihm,
dass ich ihm zwar dankbar bin,
dass er in mein Leben getreten ist,
aber dass er nun gehen müsse,
- weil mein Herz sonst nie lernen würde,
die Gegenwart zu lieben ...

ANGST

„WIE SOLL ICH mich von Angst befreien?" – „Wie kannst du dich von etwas befreien, an das du dich klammerst?" – „Ihr meint, ich klammerte mich tatsächlich an meine Ängste? Das finde ich nicht." – „Überlege, wovor dich deine Ängste schützen und du wirst mir zustimmen! Und du wirst deine Torheit erkennen."

MANCHE SAGEN, es gebe nur zwei Dinge auf der Welt: Gott und Angst; Liebe und Angst sind die beiden einzigen Dinge. Es gibt nur eines auf der Welt, was von Übel ist, nämlich Angst. Es gibt nur eines auf der Welt, was gut ist, nämlich Liebe. Sie hat manchmal auch andere Namen. Manchmal nennt man sie Glück, Freiheit, Frieden, Freude, Gott oder wie auch immer. Aber das Etikett ist nicht so wichtig. Jedenfalls gibt es kein einziges Übel auf der Welt, das sich nicht auf Angst zurückführen ließe; kein einziges.

Ignoranz und Angst, Ignoranz durch Angst: daher rührt alles Übel, daher rührt auch Ihre Gewalttätigkeit. Wer wirklich gewaltlos ist – unfähig zu Gewalt – ist ein furchtloser Mensch. Nur wer sich fürchtet, ärgert sich. Erinnern Sie sich daran, wie Sie sich das letzte Mal geärgert haben, und suchen Sie nach der Angst, die dahintersteckte. Fürchteten Sie, etwas zu verlieren? Fürchteten Sie, man könnte Ihnen etwas wegnehmen? Daher rührt nämlich der Ärger. Denken Sie einmal an jemanden, der verärgert ist, vielleicht an jemanden, den Sie fürchten. Merken Sie, wie viel Angst er oder sie hat? Er hat wirklich und tatsächlich Angst. Sie hat wirklich Angst, sonst wäre sie nicht so verärgert. Letztlich gibt es nur zwei Dinge: Liebe und Angst.

STELLEN SIE SICH für einen Augenblick vor, Sie hätten die Angst verloren, ohne das Ersehnte leben zu müssen.

AUFERSTEHUNG

DAS WEIZENKORN muss sterben ..., und dann folgt die echte Auferstehung und dein wahres Selbst kommt ans Licht. Lass dich davon durch keine Droge abbringen; verringere mit keiner Droge dein wirkliches Leben – weder mit der Droge von Beziehungen, noch der Droge der Liebe. Liebe versüßt das Leben, ersetzt es aber nie. Das tut auch nicht die Droge der Religion oder die Droge Gott. Auch nicht die Droge Geschätz-oder Gelobtwerden oder die Droge, die Erwartungen anderer zu erfüllen ... Vertiefe dein Empfinden, dass du verwurzelt, daheim bist. Spüre deutlich die Angst, den Schmerz ... und dann die Stärke. Sicher, es schmerzt, diesen Weg ganz allein zugehen. Aber es gibt keinen anderen Weg.

AUGEN JESU

„DU BIST MEINEM Herzen kostbar, mein Kind."
Was kann er nur damit meinen?

Ich schaue mit seinen Augen, was er in mir sieht,
da er, der doch meine Sündhaftigkeit kennt,
zu mir sagt: „Du bist meinem Herzen kostbar."

Mit eben diesen Augen schaue ich auf „Sünder",
die „Hitler" und „Stalin" unserer Zeit …
Ich schaue auf Menschen, die ich nicht mag,
die ich ablehne …
Ich brauche wohl seine Augen, um Mitleid zu lernen
und von dem Pharisäer in meinem Herzen
befreit zu werden.

AUSERWÄHLTSEIN

EINE SEHR RELIGIÖS eingestellte alte Dame hatte an allen bestehenden Religionen etwas auszusetzen, also gründete sie eine eigene.

Eines Tages sagte ein Reporter zu ihr, der sich wirklich bemühte, ihre Ansicht zu verstehen: „Glauben Sie wirklich, wie man behauptet, dass niemand in den Himmel kommen wird außer Ihnen und Ihrem Hausmädchen?"

Die alte Dame dachte über die Frage nach und erwiderte dann: „Bei Mary bin ich nicht so sicher."

AUTORITÄTEN

EINEM BESUCHER, der darum bat, Schüler bei ihm zu werden, sagte der Meister: „Du kannst mit mir zusammen leben, aber werde nicht zu meinem Gefolgsmann."

„Wem soll ich dann folgen?"

„Niemand. Sobald du jemand nachfolgst, hörst du auf, der Wahrheit zu folgen."

EINE SUFI-GESCHICHTE: Ein Mann; den man für tot hielt, wurde von seinen Freunden zur Beerdigung getragen. Als der

Sarg in das Grab hinabgelassen werden sollte, kam der Mann plötzlich wieder zu sich und schlug gegen den Sargdeckel.

Der Sarg wurde geöffnet; der Mann richtete sich auf. „Was tut ihr?” fragte er die versammelte Menge. „Ich lebe, ich bin nicht tot.”

Seine Worte stießen auf verblüfftes Schweigen. Schließlich sagte einer der Trauergäste: „Mein Freund, sowohl die Ärzte wie die Priester haben deinen Tod bescheinigt. Die Fachleute können sich doch wohl nicht täuschen!”

Also wurde der Sargdeckel wieder zugeschraubt, und der Mann wurde beerdigt, wie es sich gehörte.

BEFREIUNG

„DARF ICH EUER Schüler werden?“

„Du bist nur ein Schüler, weil deine Augen geschlossen sind. An dem Tag, an dem du sie öffnest, wirst du feststellen, dass du nichts von mir oder von jemand anderem lernen kannst.“

„Wozu ist dann ein Meister da?“

„Dir zu der Erkenntnis zu verhelfen, dass es zwecklos ist, einen zu haben.“

DER MEISTER war allergisch gegenüber Leuten, die ihren Aufenthalt im Kloster in die Länge zogen. Früher oder später bekam jeder Schüler die schwerwiegenden Worte zu hören: „Es ist Zeit für dich zu gehen. Wenn du dich nicht löst, wird der Geist nicht kommen.“

Was sei dieser „Geist“, wollte ein besonders betroffener Schüler wissen. Sagte der Meister: „Wasser bleibt lebendig und frei, indem es fließt. Du wirst lebendig und frei bleiben, wenn du gehst. Wenn du nicht von mir weggehst, wirst du stagnieren und sterben – und vergiftet werden.“

„WIE SOLL ICH Befreiung erlangen?“
„Finde heraus, wer dich festgehalten hat“, sagte der Meister.
Nach einer Woche kehrte der Schüler zurück und sagte: „Niemand hat mich festgehalten.“
„Warum möchtest du dann befreit werden?“
Für den Schüler war das ein Augenblick der Erleuchtung. Plötzlich wurde er frei.

BESCHLEUNIGUNG

DER MEISTER wurde gefragt, was er von den Errungenschaften der modernen Technik halte. Seine Antwort war: Einem zerstreuten Professor fiel in letzter Minute ein, dass er eine Vorlesung halten musste. Er sprang in ein Taxi und rief: „Los, fahren Sie, so schnell Sie können!“
Als das Taxi in voller Fahrt war, merkte der Professor, dass er dem Fahrer gar nicht das Ziel angegeben hatte. „Wissen Sie denn, wohin ich möchte?“ rief er ihm zu. „Nein mein Herr“, sagte der Taxifahrer, „ aber ich fahre, so schnell ich kann.“

ANDREW CARNEGIE, einer der reichsten Männer der Welt, wurde einmal gefragt: „Sie hätten doch wohl zu jeder Zeit aufhören können zu arbeiten, wenn Sie gewollt hätten, denn Sie besaßen immer mehr, als Sie brauchten?“ Er erwiderte: „Ja, das stimmt. Aber ich konnte nicht aufhören. Ich hatte vergessen, wie man das macht.“

EINEM GESCHÄFTSMANN, der aus der Mühsal des Lebens ins Geldverdienen floh, sagte der Meister: „Es war einmal ein Mann, der sich vor seinen eigenen Fußstapfen fürchtete. So entschloss er sich, nicht mehr zu gehen, sondern zu laufen, wodurch sich nur die Zahl seiner Fußstapfen verringerte. Was er wirklich tun sollte, war stehen bleiben.“

BESCHRÄNKTHEIT

EIN FROSCH hatte sein Leben lang in einem Brunnen gewohnt. Eines Tages sah er zu seinem Erstaunen einen anderen Frosch.

„Woher kommst du?“ fragte er.

„Aus dem Meer, dort lebe ich“, sagte der andere.

„Wie ist das Meer? Ist es so groß wie mein Brunnen?“

Der Meeresfrosch lachte. „Das ist nicht zu vergleichen“, sagte er.

Der Brunnenfrosch tat so, als sei er daran interessiert, was sein Besucher über das Meer zu berichten habe. Aber er dachte: „Unter all den Lügnern, die ich in meinem Leben kennengelernt habe, ist dieser hier zweifellos der größte und unverschämteste.“

BESTÄTIGUNG

IST JEMAND DAVON überzeugt, weniger wert zu sein, wird er ständig Dinge wahrnehmen, die ihn in dieser Überzeugung stärken. Wir bestätigen uns immer in unseren Überzeugungen.

DER MEISTER disputierte mit niemandem, wenn er merkte, dass sein Gegenüber nur eine Bestätigung seiner eigenen Auffassung suchte und nicht die Wahrheit.

Einmal führte er den Schülern den Wert eines Argumentes vor Augen:

„Fällt eine bestrichene Scheibe Brot mit der Butterseite nach unten oder nach oben?"

„Natürlich mit der Butterseite nach unten."

„Nein, mit der Butterseite nach oben."

„Probieren wir's doch aus!"

Also nahm er eine Scheibe Brot, bestrich sie mit Butter und warf sie hoch. Sie fiel – mit der Butterseite nach oben!

„Ich habe gewonnen!"

„Aber nur, weil ich einen Fehler gemacht habe." „Was für einen Fehler?"

„Ich habe offensichtlich die falsche Seite bestrichen."

„DU HÖRST ZU", sagte der Meister, „nicht um zu entdecken, sondern um auf etwas zu stoßen, was dein eigenes Denken bestätigt. Du argumentierst, nicht um die Wahrheit zu finden, sondern um deine Ansichten zu verteidigen."

Dann erzählte er die Geschichte von einem König, der einmal durch eine kleine Stadt zog und überall Anzeichen einer verblüffenden Schießkunst feststellte. Bäume, Zäune und Wände waren mit Kreisen bemalt und hatten genau in der Mitte ein Einschussloch. Er fragte, wo dieser Meisterschütze sei, der sich bald als ein zehnjähriger Junge entpuppte.

„Das ist doch unglaublich!" sagte der König erstaunt. „Wie um alles in der Welt bringst du das fertig?"

„Kinderleicht", war die Antwort. „Ich schieße zuerst und male dann die Kreise."

„Ebenso ziehst du zuerst deine Folgerungen und baust dann deine Prämissen um sie herum auf", sagte der Meister. „Ist es nicht derselbe Weg, den du einschlägst, um an deiner Religion und deinen Theorien festzuhalten?"

BEWERTUNGEN

DER EINE FÜHLT sich auch ohne Geld auf der Bank ganz sicher, der andere fühlt sich unsicher, obwohl er Millionen besitzt. Nicht die Menge des Geldes, sondern Ihr Denkschema macht den Unterschied. Der eine hat praktisch keine Freunde, ist sich aber der Liebe der Menschen völlig sicher. Ein anderer fühlt sich selbst bei der besitzergreifendsten und ausschließlichsten Beziehung unsicher. Wieder bildet das Denkschema den Unterschied.

WIR LEBEN ALSO mit den Ergebnissen von vielerlei Auswahlvorgängen, Filtern und Subjektivismen. Was existiert denn tatsächlich in unseren Köpfen? Wir fügen den Bildern unsere Gedankengebilde und Werturteile hinzu: „Das ist gut, jenes schlecht, dieses ist richtig, jenes falsch." In Wirklichkeit gibt es kein gut oder schlecht, weder bei Menschen noch in der Natur. Es gibt lediglich ein geistiges Werturteil, das der einen oder anderen Wirklichkeit auferlegt wird.

DER MEISTER LEGTE seinen Schülern dar, dass Erleuchtung dann eintritt, wenn sie das nicht-deutende Sehen erlangt hätten.

Die Schüler wollten nun wissen, was deutendes Sehen sei. Der Meister erklärte es ihnen so:

Ein paar katholische Straßenarbeiter waren an einer Baustelle nicht weit weg von einem Bordell beschäftigt, als sie einen Rabbi in dem nicht gerade angesehenen Haus verschwinden sahen.

„Na ja, was kann man schon erwarten?" tuschelten sie einander zu.

Nach einer Weile schlüpfte ein Pastor durch die Tür. Nichts Überraschendes. „Was kann man schon erwarten?"

Daraufhin kam der katholische Pfarrer, der sein Gesicht mit dem Mantel bedeckte, bevor er in dem Haus verschwand. „Ist das nicht schrecklich? Eines dieser Mädchen muss ernsthaft erkrankt sein."

BEWUSSTHEIT

SIND SIE SCHON einmal auf den Gedanken gekommen, dass Sie auch bei aller Anspannung glücklich sein können? Vor der Erleuchtung war ich frustriert, nach der Erleuchtung bin ich immer noch frustriert. Setzen Sie sich Entspannung und Empfindsamkeit nicht zum Ziel. Haben Sie schon einmal davon gehört, dass Leute verkrampfen, wenn sie versuchen, sich zu entspannen? Ist man verkrampft, achtet man nur auf seine Verkrampfung. Sie werden sich selbst nie verstehen, wenn Sie versuchen, sich zu ändern. Je mehr man versucht, sich zu ändern, um so schlimmer wird es. Sehen Sie Ihre Aufgabe darin, bewusst wahrzunehmen. Erspüren Sie das schrillende Telefon, erspüren Sie die gespannten Nerven; erspüren Sie das Gelenktwerden der Autoräder.

Mit anderen Worten: Kommen Sie zur Realität, und überlassen Sie die Verkrampfung und die Ruhe sich selbst. Sie werden nicht darum herumkommen, sie sich selbst zu überlassen, weil Sie genug damit zu tun haben werden, den Kontakt zur Wirklichkeit zu behalten. Schritt für Schritt, lassen Sie geschehen, was auch immer geschieht. Veränderung tritt tatsächlich ein, wenn sie nicht aus Ihrem Ego, sondern aus der Wirklichkeit kommt. Bewusstheit setzt die Wirklichkeit frei, Sie zu verändern.

Das Bewusstwerden verändert Sie, aber diese Erfahrung müssen Sie machen.

ANGENOMMEN, dieses Stück Papier ist ein Scheck über eine Million Dollar. Ach, ich muss ihm entsagen, will ich das Evangelium befolgen, ich muss verzichten, wenn ich das ewige Leben erlangen will. Wollen Sie eine Gier durch eine andere – eine geistliche Gier – ersetzen?

Vorher hatten Sie ein weltliches Ego, jetzt haben Sie ein geistliches, doch nach wie vor ein Ego, ein raffiniertes, und ein Ego, dem schwieriger beizukommen ist. Indem Sie auf etwas verzichten, binden Sie sich daran. Doch anstatt auf es zu verzichten, schauen Sie dieses Stück Papier an und sagen: „Ach, das ist doch kein Scheck über eine Million Dollar, das ist ein Fetzen Papier." Und schon gibt es nichts mehr zu bekämpfen, auf nichts mehr zu verzichten.

KEIN TADEL, kein Lob.
Nur das Licht des Bewusstseins
Kann alles, was schlecht ist, zerstreuen
Und alles was gut ist, zum Leben erwecken.

Und dein Leben wird hell
Und durchsichtig.

DANKBARKEIT

WISSEN SIE WAS? Es ist unmöglich, dankbar und zugleich unglücklich zu sein.

DEMUT

EINES TAGES KNIETE ein Bischof vor dem Altar nieder und begann, sich in einem Ausbruch religiöser Leidenschaft an die Brust zu schlagen und zu rufen: „Ich bin ein Sünder, hab Erbarmen mit mir! Ich bin ein Sünder, hab Erbarmen mit mir!"
Der Ortspriester, der von diesem Beispiel an Demut inspiriert wurde, fiel neben dem Bischof auf die Knie, begann sich an die Brust zu schlagen und zu rufen: „Ich bin ein Sünder, hab Erbarmen mit mir! Ich bin ein Sünder, hab Erbarmen mit mir!"

Der Küster, der zufällig in der Kirche war, war so bewegt, dass er sich nicht zurückhalten konnte. Auch er fiel auf die Knie, schlug sich an die Brust und rief: „Ich bin ein Sünder, hab Erbarmen mit mir!"

Worauf der Bischof den Priester anstieß, auf den Küster zeigte und lächelnd sagte: „Sehen Sie mal, wer da denkt, er sei ein Sünder."

ES WAR EINMAL ein alter Sufi, der seinen Lebensunterhalt mit dem Verkauf von allerlei Krimskrams verdiente. Er schien nicht sehr kritisch zu sein, denn die Käufer bezahlten häufig mit Falschgeld, das er widerspruchslos akzeptierte, oder sie behaupteten, schon bezahlt zu haben, und auch wenn es nicht stimmte, protestierte er nicht.

Als seine letzte Stunde nahte, hob er die Augen zum Himmel und sagte: „Oh Allah, ich habe von den Menschen so manches Falschgeld angenommen, habe sie aber in meinem Herzen nicht verurteilt. Ich habe einfach vorausgesetzt, sie wüssten nicht, was sie täten. Auch ich bin Falschgeld, bitte verurteile mich nicht."

DOGMATISMUS

NICHT DIE VERSCHIEDENHEIT unserer Dogmen richtet Schaden an, sondern unser Dogmatismus. Wenn also jeder von uns das täte, was nach seiner festen Überzeugung der Wille Gottes ist, wäre das Ergebnis ein absolutes Chaos. Gewissheit ist von Übel. Der geistliche Mensch kennt Ungewissheit – ein Geisteszustand, der dem religiösen Fanatiker unbekannt ist.

DRACHE

EIN MANN SUCHTE einen Psychiater auf und sagte ihm, er werde jede Nacht von einem über dreißig Meter langen Drachen mit drei Köpfen besucht.

Er war ein Nervenbündel, konnte nicht mehr schlafen und war am Rande eines Zusammenbruchs. Sogar an Selbstmord hatte er schon gedacht.

„Ich glaube, ich kann Ihnen helfen", sagte der Psychiater, „aber ich muss Sie warnen, es wird ein oder zwei Jahre dauern und 3000 Dollar kosten."

„3000 Dollar!" rief der Mann. „Vergessen Sie es! Ich werde einfach nach Hause gehen und mich mit dem Drachen anfreunden."

DROGEN

STELLEN SIE SICH einmal ein kleines Kind vor, das eine Droge probieren darf. Es wächst heran, und im Laufe der Zeit wird es süchtig. Der Körper schreit nach der Droge. Ohne sie zu leben, ist so schmerzhaft, dass es lieber sterben möchte.

Sie und ich sind wie dieses Kind; wir hängen von der Droge „Zustimmung", „Wertschätzung", „Erfolg", „Akzeptiertsein",

„Beliebtsein“ ab. Haben Sie die Droge einmal in sich, kann die Gesellschaft Sie kontrollieren, und Sie sind zum Roboter geworden. (...)

Wenn Sie einen Fehler gemacht haben oder zurückgewiesen werden, empfinden Sie eine schreckliche Leere. In dieser Einsamkeit schleppen Sie sich dahin und betteln um die Droge „Ermutigung“ oder „Akzeptiertsein“ und werden nach wie vor kontrolliert. Gibt es einen Ausweg? Eine Folge dieser Droge ist, dass Sie die Fähigkeit verloren haben zu lieben. Wissen Sie weshalb? Weil Sie die Menschen nicht mehr sehen können. Sie registrieren nur noch, ob man Sie akzeptiert und ob man Ihnen zustimmt. Sie unterscheiden die Menschen nach den Kategorien: gefährlich oder förderlich für Ihre Droge.

ES BESTEHT KEINE Notwendigkeit, bekannt und beliebt zu sein. Man muss nicht geliebt oder akzeptiert werden. Man muss nicht in herausragender Position oder besonders bedeutend sein. Das alles sind keine menschlichen Grundbedürfnisse, sondern Wünsche des Ego, des konditionierten, beeinflussten Ich. Etwas, das sehr tief in Ihnen verwurzelt ist, nämlich Ihr wahres Ich, hat an diesen Dingen überhaupt kein Interesse. Denn es hat schon alles, was es braucht, um glücklich zu sein. Sie müssen sich nur Ihre Anhänglichkeiten bewusst machen, die Trugbilder, die sie sind. Dann werden Sie auf dem Weg in die Freiheit sein.

EGO

WER LEBT in Ihnen? Es dürfte Sie ziemlich erschrecken, wenn Sie das erfahren. Sie meinen, Sie sind frei, doch dürfte es keine Geste, keinen Gedanken, keine Gefühlsregung, keine Einstellung, keine Meinung geben, die nicht von einem anderen stammt. Ist das nicht erschreckend? Und Sie wissen es nicht einmal. Ein mechanisches Leben wurde Ihnen da übergestülpt! Sie vertreten in vielen Dingen einen klaren Standpunkt und denken, dass Sie es sind, die diesen Standpunkt haben, doch sind Sie es wirklich? Sie brauchen viel Einsicht, um zu verstehen, dass dieses Etwas, dass Sie „Ich" nennen, einfach eine Anhäufung Ihrer vergangenen Erfahrungen ist, Ihrer unbewussten Beeinflussung und Programmierung.

Eine schmerzliche Feststellung. Wenn Sie beginnen aufzuwachen, erfahren Sie tatsächlich viel Schmerz: Es schmerzt, wenn man sieht, wie Illusionen zerplatzen. Alles, wovon Sie glaubten, Sie hätten es aufgebaut, stürzt zusammen, und das tut weh. Das ist im Grunde Reue, und das ist wirkliches Erwachen.

ES KOMMT NICHT darauf an zu wissen, wer oder was das „Ich" ist; Sie werden es sowieso nicht herausfinden. Es gibt keine Worte dafür. Worauf es wirklich ankommt, ist, sich von den Schubladen, in die man es steckt, zu trennen. Die japanischen Meister des Zen sagen in diesem Sinne: „Suche nicht nach der Wahrheit, trenne dich nur von deinen Meinungen." Trennen Sie sich von Ihren Theorien, suchen Sie nicht nach der Wahrheit. Die Wahrheit lässt sich nicht suchen. Wären Sie nicht so voreingenommen, würden Sie das wissen.

„WIE FROH der Meister aussieht", bemerkte ein Besucher. Sagte ein Schüler: „Man kommt immer froh daher, hat man erst einmal die Last abgeworfen, die Ego heißt."

EIGENNUTZ

EIN FARMER, dessen Mais auf der staatlichen Landwirtschaftsmesse immer den ersten Preis gewann, hatte die Angewohnheit, seine besten Samen mit allen Farmern der Nachbarschaft zu teilen.

Als man ihn fragte, warum er das täte, sagte er: „Eigentlich liegt es im ureigensten Interesse. Der Wind trägt die Pollen von einem Feld zum anderen. Wenn also meine Nachbarn minderwertigen Mais züchten, vermindert die Kreuzbestäubung auch die Qualität meines Kornes. Darum liegt mir daran, dass sie nur den allerbesten anpflanzen."

EIGENTOR

EIN ALTER RABBI lag krank im Bett. Neben seinem Lager führten seine Schüler flüsternd eine Unterhaltung. Sie priesen seine beispiellosen Tugenden.

„Seit Salomos Zeiten gab es niemand, der weiser wäre als er", sagte einer von ihnen. „Und sein Glauben! Er gleicht dem unseres Vaters Abraham", sagte ein anderer. „Seine Geduld ähnelt der Hiobs", sagte ein dritter. „Nur in Moses finden wir jemand, der so vertraut mit Gott verkehrte wie er", sagte ein vierter.

Der Rabbi schien keine Ruhe zu finden. Als die Schüler gegangen waren, sagte seine Frau: „Hast du gehört, wie sie dein Lob gesungen haben?"

„In der Tat", erwiderte der Rabbi.

„Warum bist du dann so mürrisch?" fragte sie.

„Meine Bescheidenheit", klagte der Rabbi, „keiner erwähnte meine Bescheidenheit."

EIGENTUM

ES WAREN EINMAL zwei Mönche, die schon vierzig Jahre lang zusammenlebten und noch nie miteinander gestritten hatten. Auch nicht ein einziges Mal hatte es nur den kleinsten

Zank gegeben. Eines Tages sagte der eine Mönch zum anderen: „Meinst du nicht auch, es wird Zeit, dass wir wenigstens einmal miteinander streiten ?"

Darauf erwiderte der andere: „Mir soll's recht sein, also los! Worüber sollen wir denn streiten?"

„Was hältst du von dem Brot hier?"

„Ich habe nichts dagegen, streiten wir uns also um dieses Brot. Und wie?"

„Dieses Brot ist meines, es gehört mir", stellte der eine Mönch kategorisch fest.

Worauf der andere sagte: „Wenn das so ist, behalte es."

Frieden wird nicht zwangsläufig durch Zank oder Streit zerstört. Was den Frieden zerstört, ist das Ich. Dies oder das gehört mir, und ich werde es mit niemandem teilen. Sobald Sie sich diese Einstellung des Festhaltens und des Egoismus zu eigen machen, bleibt Ihr Herz auf der Strecke und verhärtet. Das ist der große Feind des Friedens: ein Herz, das klammert, das verhärtet und egoistisch ist.

ALLES ÜBEL auf der Welt hat nur eine Ursache: „Das gehört mir!"

EINE GESCHICHTE der Bhagawata Purana: Eine Krähe erhob sich einst in den Himmel mit einem Stück Fleisch im Schnabel. Zwanzig Krähen flogen auf, sie zu verfolgen, und griffen sie erbittert an. Schließlich ließ die Krähe das Stück Fleisch fallen. Darauf ließen die Verfolger von ihr ab und flogen kreischend dem Stück Fleisch nach.

Sagte die Krähe: „Jetzt ist es friedlich hier oben. Der ganze Himmel gehört mir."

Sagte ein Zen-Mönch: „Als mein Haus abbrannte, behinderte nichts meine Sicht auf den nächtlichen Mond."

EINFACHHEIT

WENN EIN MENSCH beginnt, tiefer nach innen zu leben, lebt er einfacher nach außen.

Aber leider bringt einfaches Leben nicht zwangsläufig Tiefe mit sich. ☙

DER MEISTER missbilligte stets alles, was den Anschein des Sensationellen hatte. Das Göttliche, behauptete er, findet man nur im Gewöhnlichen. Einem Schüler, der Formen der Askese zu praktizieren versuchte, die ans Groteske grenzten, hörte man den Meister sagen: „Heiligkeit ist etwas Geheimnisvolles: je größer sie ist, desto weniger fällt sie auf." ☙

EINHEIT

EIN SCHÄFER weidete seine Schafe, als ihn ein Spaziergänger ansprach. „Sie haben aber eine schöne Schafherde. Darf ich Sie etwas in Bezug auf die Schafe fragen?" – „Natürlich", sagte der Schäfer. Sagte der Mann: „Wie weit laufen Ihre Schafe ungefähr am Tag?" – „Welche, die weißen oder die schwarzen?" – „Die weißen." – „Die weißen laufen ungefähr vier Meilen täglich." – „Und die schwarzen?" — „Die schwarzen genauso viel."

„Und wie viel Gras fressen sie täglich?“ – „Welche, die weißen oder die schwarzen?“ – „Die weißen.“ – „Die weißen fressen ungefähr vier Pfund Gras täglich.“ – „Und die schwarzen?“ „Die schwarzen auch.“ – „Und wie viel Wolle geben sie ungefähr jedes Jahr?“ – „Welche, die weißen oder die schwarzen?“ „Die weißen.“ – „Nun ja, ich würde sagen, die weißen geben jedes Jahr ungefähr sechs Pfund Wolle zur Schurzeit.“ – „Und die schwarzen?“ – „Die schwarzen genauso viel.“

Der Spaziergänger war erstaunt. „Darf ich Sie fragen, warum Sie die eigenartige Gewohnheit haben, Ihre Schafe bei jeder Frage in schwarze und weiße aufzuteilen?“ -„Das ist doch ganz natürlich“, erwiderte der Schäfer, „die weißen gehören mir, müssen Sie wissen.“ – „Ach so! Und die schwarzen?“ – „Die schwarzen auch“, sagte der Schäfer.

ENTSCHEIDUNG

WELCHE ENTSCHLÜSSE muss ich
an diesem Wendepunkt meines Lebens fassen
oder neu bedenken?

Ich treffe jetzt eine Entscheidung,
wie der heutige Tag verlaufen soll:

Soll es ein Tag voller Geschäftigkeit werden?
Ich zähle die Dinge auf, die ich heute unbedingt
erledigen will …

Soll es auch ein Tag werden,
an dem ich einfach da bin,
ohne etwas leisten zu wollen,
Dinge zu verrichten,
zu erreichen oder zu besitzen,
vielmehr um einfach zu sein?

ENT-TÄUSCHUNG

SIE VERTRAUEN NIE jemandem. Sie vertrauen nur Ihrem Urteil, das Sie sich über einen bestimmten Menschen gebildet haben. Worüber beklagen Sie sich also? In Wirklichkeit geben Sie nicht gern zu: „Mein Urteil war aus der Luft gegriffen." Das ist nicht sehr schmeichelhaft für Sie, nicht wahr? Lieber sagen Sie: „Wie konntest du mich bloß im Stich lassen?"

DIE EINZIGE SCHWIERIGKEIT steckt in uns selbst. Das Problem sind nicht die anderen, sondern die eigene Art, auf sie zu reagieren. Finden Sie heraus, warum Sie gerade so und nicht anders reagieren. Auf diese Weise werden Sie mit Ihren Illusionen brechen können. (..) Die einzige Ursache Ihres Kummers und Leids liegt in Ihren Vorstellungen davon, wie sich die anderen Ihnen gegenüber verhalten müssten, wobei für Sie klar ist, dass Sie mit Ihren Vorstellungen richtig liegen. Sie leiden nicht deswegen, was andere tun und lassen, sondern weil Sie erwarten, dass sie etwas tun oder lassen müssten und diese Erwartungen enttäuscht werden. Ihre eigenen Erwartungen verletzen Sie.

ERLEUCHTUNG

„WAS BRACHTE EUCH die Erleuchtung?“

„Freude.“

„Und was ist Freude?“

„Die Erkenntnis, dass alles zu verlieren, nichts weiter bedeutet, als ein Spielzeug verloren zu haben.“

„WAS IST die Ursache des Bösen?“

„Unwissenheit“, sagte der Meister.

„Und wie wird sie beseitigt?“

„Nicht durch Anstrengung, sondern durch Licht; durch Verstehen, nicht durch Handeln.“

Und nach einer Weile fügte der Meister hinzu: „Das Zeichen des Erleuchtetseins ist Friede – du hörst auf zu fliehen, sobald du erkennst, dass du nur von den Trugbildern verfolgt wirst, die deine Ängste erfunden haben.“

SCHÜLER: „Was ist der Unterschied zwischen Wissen und Erleuchtung?“

Meister: „Wenn du Wissen besitzt, nimmst du ein Licht, um den Weg zu erkennen. Wenn du erleuchtet bist, wirst du selbst zum Licht.“

ERWACHSENWERDEN

ZU EINEM SCHÜLER, der ständig am Beten war, sagte der Meister: „Wann wirst du aufhören, dich auf Gott zu stützen und lernen, auf eigenen Füßen zu stehen?“

Der Schüler war erstaunt: „Aber gerade Ihr habt uns gelehrt, Gott als unseren Vater anzusehen!“

„Wann wirst du lernen, dass ein Vater nicht jemand ist, auf den man sich stützen kann, sondern jemand, der dich von deinem Anlehnungsbedürfnis befreit?“

„WERDE REIFER, indem du über deine Sorgen und Ängste hinauswächst, in denen du durch unbewusste Prägungen noch gefangen bist. Durchschaue diese alten Prägungen und ihren Einfluss auf dein gegenwärtiges Leben immer tiefer und sieh, wie sie dich sogar noch in deiner Lebensmitte auf dem Stand eines Jugendlichen festhalten. Wach auf und schau, wo dein Glück zu Hause ist.“

IN SEINER JUGEND verließ der Meister sein Elternhaus, um auf die Suche nach Weisheit zu gehen.

Seine Abschiedsworte waren: „An dem Tag, da ich sie gefunden habe, lasse ich es euch wissen.“

Viele Jahre später schien es ihm ganz und gar unwichtig, es sie zu Hause wissen zu lassen. Als er das nämlich einsah, hatte er ganz ohne sein Wissen die Weisheit gefunden.

ERWECKUNG

EIN FREUND WECKT und schafft in mir eine Eigenschaft,
die er in mir entdeckt.
So schafft ein Liebender seine Geliebte,
ein Meister seinen Jünger.
Glaubt Jesus so an mich?
Was hat er in mir entdeckt und ans Licht gebracht?
Ich meine zu hören, was er mir sagt ...
Als Jesus zum ersten Mal sein Auge auf Petrus warf,
diesen furchtsamen, impulsiven Menschen,
da sah er in ihm, was niemand vermutet hätte,
und nannte ihn den Fels.
So änderte sich Petrus allmählich
und wurde das, was sein Beiname ausdrückte.
Was für einen Namen findet Jesus wohl für mich?
Ich horche ...
und gehe auf seine Worte ein ...

FEHLER

EINEM SCHÜLER, der sich schrecklich fürchtete, Fehler zu machen, sagte der Meister:

„Diejenigen, die keine Fehler machen, machen den größten aller Fehler: sie versuchen nichts Neues."

FESTHALTEN

HÄNGE DICH an nichts im Leben. Freue dich an allem, während es dir vergönnt ist; aber denke immer daran, dass du es eines Tages zurücklassen musst. Du kannst nichts mitnehmen. Ist es das ganze Elend wert, das wir beim Versuch, es zu behalten, durchmachen?

ER DACHTE, das Wesentliche sei, arm und enthaltsam zu leben. Es war ihm nie klar geworden, wie entscheidend wichtig es war, sein Ego aufzugeben. Denn das Ego wächst und gedeiht, ob man nun der Heiligkeit dient oder Frau Welt, nährt sich von Armut und von Reichtum, von Enthaltsamkeit und Luxus. Es gibt nichts, das das Ego nicht ergreift, um sich aufzublasen.
Schüler: „Ich bin zu Euch gekommen mit nichts in den Händen."

Meister: „Dann lass es sofort fallen."

Schüler: „Aber wie kann ich es fallen lassen? Es ist nichts."

Meister: „Dann musst du es eben mit dir herumtragen!"

Du kannst dein Nichts zu einem Besitz machen und deinen Verzicht wie eine Trophäe herumzeigen. Deinen Besitz brauchst du nicht aufzugeben. Gib dein Ego auf.

FREIGEBEN

AN JENEM TAG bestand des Meisters Predigt nur aus einem rätselhaften Satz.

Er lächelte bitter und begann: „Ich sitze hier bloß am Flussufer und verkaufe Flusswasser."

Und damit beendete er seine Predigt.

Er hatte seinen Verkaufsstand am Ufer aufgebaut, und es kamen Tausende, um Wasser von ihm zu kaufen. Der ganze Erfolg seines Geschäftes beruhte darauf, dass sie den Fluss nicht sahen. Als sie ihn schließlich bemerkten, machte er kein Geschäft mehr.

Der Prediger war ein großer Erfolg. Tausende kamen, um von ihm Weisheit zu lernen. Als sie die Weisheit bekommen hatten, kamen sie nicht mehr zu seinen Predigten. Und der Priester lächelte zufrieden, denn er hatte sein Ziel erreicht, nämlich sich so schnell wie möglich davon zu machen, weil er genau wusste, er bot den Leuten nur an, was sie schon besaßen, wenn sie nur die Augen aufmachten, um zu sehen. „Wenn ich nicht gehe", sagte Jesus zu seinen Jüngern, „wird der Heilige Geist nicht kommen".

Wenn man aufhörte, Wasser zu verkaufen, hätten die Menschen vielleicht eine größere Chance, den Fluss zu sehen. ☙

FREUDE

GESTERN HATTE ICH Gelegenheiten, mich zu freuen, und habe sie nicht einmal bemerkt. Jetzt erst sehe ich sie ... ☙

KÖNIG PYRRHUS von Epirus wurde von seinem Freund Cyneas gefragt: „Wenn Ihr Rom erobert, was werdet Ihr dann als nächstes unternehmen?"

Pyrrhus erwiderte: „Sizilien liegt ganz in der Nähe und wird leicht zu erobern sein."

„Und was werden wir tun, wenn Sizilien genommen ist?"

„Dann werden wir nach Afrika übersetzen und Karthago plündern."

„Und nach Karthago?"

„Dann kommt Griechenland an die Reihe."

„Und, wenn ich fragen darf, was wird am Ende all dieser Eroberungen stehen?"

„Dann", erwiderte Pyrrhus, „können wir uns in Ruhe des Lebens freuen."

„Könnten wir das nicht schon jetzt tun", sagte Cyneas. ☙

WÄRE ICH der Mensch, der ich heute bin,
wenn ich nie den Sonnenaufgang gesehen hätte
oder den Mond

oder blühende Blumen
oder menschliche Gesichter? ...
Ich lasse mein Herz
zu Szenen von Schönheit zurückkehren,
an denen es sich dank meiner Augen gelabt hat ...

Wenn das Herz der Kontemplation das Staunen ist:
Wieviele mystische Augenblicke haben meine Augen
mir geschenkt
Ich suche sie auf ...

FRIEDEN

EINEM SICH STÄNDIG über andere beklagenden Schüler sagte der Meister: „Wenn du wirklich Frieden haben willst, versuche, dich selbst zu ändern, nicht die anderen. Es ist einfacher, deine Füße mit Hausschuhen zu schützen, als die ganze Erde mit Teppichen auszulegen."

„WAS IST DAS Ziel deiner Suche?"

„Frieden", sagte der Gast.

„Denjenigen, die suchen, ihr eigenes Ich zu schützen, bringt Frieden nur Unruhe."

Und zu einer Gruppe frommer Leute, die zu ihm kamen, um ihn anzugaffen und um einen Segen zu bitten, sagte der Meister: „Möge der Friede Gottes euch stets beunruhigen."

JEDER MENSCH trägt Gedanken in sich, die ihm auf der Stelle Frieden bringen können. Ich suche die meinigen.

FRÖMMIGKEIT

SELBSTGERECHTIGKEIT ist ein Berufsrisiko, wenn man sich auf Gebet und Frömmigkeit einlässt.

GEBET

ALS BRUDER BRUNO eines Nachts betete, fühlte er sich durch das Quaken eines Ochsenfrosches gestört. Er versuchte, es nicht zu beachten, doch umsonst. Wütend schrie er aus dem Fenster: „Ruhe! Ich bete gerade."

Bruder Bruno war ein Heiliger, und so wurde sein Befehl sofort befolgt. Alle Kreatur verstummte, damit eine dem Gebet dienliche Stille einkehren konnte.

Aber nun drängte sich ein anderer Laut in Brunos Gebete – eine innere Stimme, die ihm sagte: „Vielleicht gefällt Gott das Quaken dieses Frosches genauso wie der Gesang deiner Psalmen." – „Was kann Gott am Quaken eines Frosches gefallen?"

erwiderte Bruno spöttisch. Doch die Stimme gab nicht nach: „Warum glaubst du, hat Gott diesen Laut geschaffen?"

Bruno beschloss, eben dies herauszufinden. Er beugte sich aus dem Fenster und befahl: „Sing!" Das bedächtige Gequake des Frosches erfüllte wieder die Luft und wurde von allen Fröschen der Nachbarschaft vielstimmig aufgenommen. Und als Bruder Bruno die Laute auf sich wirken ließ, klangen die Stimmen, da er sich nicht länger gegen sie sträubte, durchaus nicht mehr schrill, sondern verschönerten tatsächlich die nächtliche Stille.

Diese Entdeckung brachte Bruder Brunos Herz in Einklang mit dem Universum, und er verstand zum ersten Mal in seinem Leben, was beten heißt.

GELASSENHEIT

ES GIBT NICHTS, was Sie tun könnten. Doch gibt es etwas, wovon Sie lassen könnten. Achten Sie darauf, welch wunderbare Veränderung in Ihnen vor sich geht, sobald Sie die Menschen nicht mehr in gut und böse, in Heilige und Sünder einteilen, sondern sie als nicht wahrnehmend und unwissend zu sehen beginnen. Geben Sie den Irrglauben auf, dass Menschen im Bewusstsein sündigen können. Niemand kann im Licht des Bewusstseins sündigen. Sünde geschieht nicht – wie wir fälschlicherweise meinen – aus Bosheit, sondern aus Unwissenheit. „Vater, vergib ihnen, denn sie wissen nicht, was sie tun."

„WIE KOMMT ES nur, dass uns das all die Jahre entgangen ist?", frage ich mich selbst immer wieder. „Wie kommt es nur, dass ich das nicht bemerkt habe?" Stößt man auf diese radikalen Stellen in der Bibel, fragt man sich bald: Ist dieser Mann denn verrückt? Aber es dauert nicht lange, bis man findet, dass alle anderen verrückt sein müssen. „Wenn jemand zu mir kommt und nicht Vater und Mutter, Frau und Kinder, Brüder und Schwestern gering achtet,... wenn er nicht auf seinen ganzen Besitz verzichtet, kann er nicht mein Jünger sein" (LUKAS 14,26.33).

Man muss alles loslassen. Es ist wohlgemerkt kein physischer Verzicht, das wäre ja einfach. Wenn Ihre Illusionen schwinden, kommen Sie schließlich zur Wirklichkeit; und Sie können mir glauben: Sie werden nie mehr einsam sein, nie mehr. Einsamkeit lässt sich nicht durch menschliche Gesellschaft beseitigen. Einsamkeit wird durch Nähe zur Wirklichkeit aufgehoben. Dazu ließe sich noch viel sagen. Nähe zur Wirklichkeit, Illusionen aufgeben, zum Wirklichen kommen. Was auch immer es sei, es hat keinen Namen. Wir können es nur dadurch erfahren, dass wir vom Unwirklichen lassen. Man kann nur wissen, was Alleinsein ist, wenn man sein Anklammern und seine Abhängigkeiten aufgibt.

VIELE UNSERER SCHWIERIGKEITEN, unserer positiven wie negativen Gefühle sind das Ergebnis unserer Konditionierung. Ein spiritueller Mensch zu sein bedeutet zu begreifen, dass man selbst nicht vollkommen eins ist mit seinen Depressionen und Ängsten. Ein spiritueller Mensch zu sein bedeutet nicht, keine Depressionen und Ängste mehr zu haben, sondern: diese und alles, was einem kommt, wahrzunehmen – und dann kommen und gehen zu lassen.

Nehmen wir den Fall eines Menschen mit einem starken Minderwertigkeitskomplex. Was immer er tut, es wird ihn verwirren und verunsichern. Kann dieser Mensch überhaupt erleuchtet und ein spiritueller Mensch werden? Natürlich. Auch mit allen seinen psychischen Macken kann er ein sehr spiritueller Mensch sein, vorausgesetzt, er durchschaut seinen Komplex und seine Ängste und Irritationen als Wolken, die kommen und gehen.

Wer erwartet, Jesus hätte vor seinem Tod doch über alle Ängste hoch erhaben sein müssen, stellt ihn sich aus schiefer Frömmigkeit so vor. Das ist ein künstlicher, gedachter Jesus, und es verrät ein oberflächliches Verständnis Jesu und dessen, was er sagte. Sich wegen des morgigen Tages keine Sorgen zu machen bedeutet in Wirklichkeit, einen Zustand zu erreichen, in dem man in innerer Freiheit alles annehmen kann, sei es Angst oder sei es Zuversicht.

GELINGEN

EIN HOLZSCHNITZER namens Ching hatte gerade die Arbeit an einem Glockenstuhl beendet. Alle, die ihn sahen, staunten, denn es war ein begnadetes Werk. Als der Herzog von Lu es erblickte, sagte er: „Was ist das für eine Begabung, die Euch ein solches Meisterwerk vollbringen lässt?"

Der Holzschnitzer erwiderte: „Sir, ich bin nur ein einfacher Handwerker, ich bin kein Genie. Wenn ich einen Glockenstuhl machen will, meditiere ich drei Tage, um meine Gedanken zu beruhigen. Wenn ich drei Tage meditiert habe, denke ich nicht mehr an Belohnung oder Vergütung. Wenn ich fünf Tage meditiert habe, denke ich nicht mehr an Lob oder Tadel, an Geschicklichkeit oder Unbeholfenheit. Wenn ich sieben Tage meditiert habe, vergesse ich plötzlich meine Glieder, meinen Körper, ja, mein ganzes Selbst. Ich weiß nichts mehr von meinem Arbeitsplatz und meiner Umgebung. Nur mein Können bleibt. In diesem Zustand gehe ich in den Wald und prüfe jeden Baum, bis ich einen finde, in dem ich den Glockenstuhl in seiner ganzen Vollkommenheit sehe. Dann machen sich meine Hände an die Arbeit. Da ich mein Selbst beiseite geschoben habe, trifft Natur auf Natur in der Arbeit, die durch mich getan wird. Das ist zweifellos der Grund, warum jeder sagt, das fertige Produkt sei ein begnadetes Werk."

Sagte ein weltberühmter Geiger über seinen Erfolg bei der Wiedergabe von Beethovens Violinenkonzert: „Ich habe eine herrliche Partitur, eine wunderbare Geige und einen sehr guten Bogen. Ich brauche sie nur zusammenzubringen und dann beiseite zu treten."

ES GIBT EINEN schönen Satz von Tranxu, einem großen chinesischen Weisen, den ich mir gut gemerkt habe. Er lautet: „Wenn der Bogenschütze schießt, ohne einen besonderen Preis gewinnen zu wollen, kann er seine ganze Kunst entfalten; schießt er, um eine Bronzemedaille zu erringen, fängt er an, unruhig zu werden; schießt er um den ersten Preis, wird er blind, sieht zwei Ziele und verliert die Beherrschung. Sein Können ist dasselbe, aber der Preis spaltet ihn. Er ist ihm wichtig! Er denkt mehr ans Gewinnen als ans Schießen, und der Zwang zu gewinnen schwächt ihn."

ZU EINEM MALER sagte der Meister: „Um Erfolg zu haben, muss jeder Maler viele Stunden in beharrliches Mühen und Streben investieren.

Manchem ist es gegeben, das eigene Ich beim Zeichnen loszulassen. Wenn dies geschieht, wird ein Meisterwerk geboren."

Daraufhin fragte ein Schüler: „Wer ist ein Meister?"

Der Meister antwortete: „Jeder, dem es gegeben ist, das eigene Ich loszulassen. Das Leben dieses Menschen ist dann ein Meisterwerk."

GESCHICHTEN

DER MEISTER KLEIDETE seine Lehre in Gleichnisse und Geschichten, denen seine Schüler mit Vergnügen – und gelegentlicher Ernüchterung zuhörten, denn ihnen stand der Sinn nach Tieferem.

Der Meister blieb unbewegt. Ihren Einwänden pflegte er zu begegnen, indem er sagte: „Ihr müsst noch begreifen lernen, meine Lieben, dass die kürzeste Entfernung zwischen einem Menschen und der Wahrheit eine Geschichte ist."

Ein andermal sagte er: „Verachtet nicht die Geschichten. Eine verlorene Goldmünze findet man mit Hilfe einer billigen Kerze; die tiefste Wahrheit mit Hilfe einer einfachen Geschichte."

GESCHMEIDIGKEIT

„WAS IST DAS Geheimnis deiner Ruhe und Gelassenheit?" fragten die Schüler.
Sagte der Meister: „Aus dem Herzen kommendes, uneingeschränktes Kooperieren mit dem Unvermeidlichen."

EIN MANN, der sehr stolz auf seinen Rasen war, stand plötzlich vor einer mit Löwenzahn übersäten Wiese. Er versuchte alles nur Denkbare, um den Löwenzahn loszuwerden, aber der kam immer wieder.

Schließlich schrieb er an das Landwirtschaftsministerium. Er zählte auf, was er alles versucht hatte, und schloss mit der Frage: „Was soll ich jetzt tun?"

Zu gegebener Zeit kam die Antwort: „Wie wär's, wenn Sie versuchten, ihn schön zu finden und den Löwenzahn zu lieben?"

FÜR ALLE FEST Überzeugten – ganz gleich, ob ihre Überzeugungen auf religiösem, politischem oder ökonomischem Gebiet lagen – hatte der Meister diese eine Botschaft:
„Was Sie brauchen, ist nicht Sicherheit, sondern den Wagemut des Spielers; nicht festen Boden unter den Füßen, sondern die Geschmeidigkeit des Schwimmers."

GESELLSCHAFT

DEM MEISTER schien es völlig gleichgültig zu sein, was die Menschen von ihm dachten. Als die Schüler fragten, wie er diese Stufe innerer Freiheit erreicht habe, lachte er laut und sagte: „Bis ich zwanzig war, kümmerte es mich nicht, was die Leute von mir dachten. Nach meinem zwanzigsten Lebensjahr fragte ich mich ständig, was wohl meine Nachbarn von mir hielten. Als ich dann einen Tag älter als fünfzig war, erkannte ich plötzlich, dass sie kaum je überhaupt an mich dachten."

„WAS NÜTZT ES einem Menschen, wenn er die Welt gewinnt, dabei aber sein Leben einbüßt?" (Matthäus 16,26). Stellen Sie sich einmal vor, was für ein Gefühl in Ihnen aufsteigt, wenn Sie die Sonne im Meer versinken oder den Mond hinter den Bäumen aufgehen sehen. Vergleichen Sie es mit dem Gefühl, das Sie ergriff, als Sie gelobt wurden, Beifall und Zustimmung erhielten. Das erste ist ein „seelisches Gefühl", ein Seligsein, das zweite ein „weltliches Gefühl".

Stellen Sie sich einmal vor, was für ein Gefühl Sie beherrscht, wenn Sie einen Erfolg errungen, ein Ziel erreicht haben, wenn Sie der Erste geworden sind, ein Spiel, eine Wette gewonnen oder das schlagende Argument in die Debatte geworfen haben. Spüren Sie den Unterschied zwischen diesen weltlichen Gefühlen und den seelischen Gefühlen, die einen erfüllen, wenn man etwas tut, was man liebt, (...) Vergleichen Sie diese mit dem Gefühl der Vertrautheit, der Nähe, der Zusammengehörigkeit, als Sie mit Freunden zusammensaßen, Spaß hatten, lachten – seelische Gefühle. Weltliche Gefühle sind keine natürlichen Gefühle. Ihre und meine Gesellschaft hat sie erfunden, um uns anzustacheln und zu kontrollieren. Diese Gefühle machen einen nicht wirklich glücklich, sondern erregt, leer und ängstlich.

STELLEN SIE SICH vor, Sie hätten einen Zustand erreicht, bei dem Sie nicht mehr das Bedürfnis haben, jemandem Erklärungen über sich selbst abzugeben. Was für ein Gefühl ist das, sein Tun und Lassen nicht mehr rechtfertigen zu müssen, keine Erlaubnis mehr einholen und keine Ausreden mehr erfinden zu müssen? (...)

Stellen Sie sich vor, Sie brauchten niemanden mehr zu beeindrucken. Wie fühlen Sie sich? Was tun Sie, wenn Ihnen nicht mehr daran liegt, jemanden zu beeindrucken?

GEWOHNHEIT

IN DER FABRIK war Mittagspause, und ein Arbeiter öffnete trübselig sein Lunchpaket. „Ach nein“, sagte er laut, „schon wieder Käsebrote.“

So ging es zwei-, drei-, viermal hintereinander. Dann sagte ein Kollege, der das Gebrumme des Mannes gehört hatte: „Wenn du Käsebrote so sehr hasst, warum sagst du dann nicht deiner Frau, sie solle dir andere Schnitten machen?“

„Weil ich nicht verheiratet bin. Ich mache mir diese Brote selbst.“

WAS IST NÖTIG, um die Dinge auf eine neue Art und Weise zu sehen? Man braucht keine Kraft, man muss nicht irgendwie nützlich sein, man braucht kein Selbstvertrauen, keine Willenskraft, keine Anstrengung. Man braucht nur den guten Willen, das Ungewöhnliche zu sehen; den guten Willen, etwas Neues zu sehen. Und das ist das Letzte, was der Mensch will. Die Menschen wollen nichts anderes sehen als das, was sie schon immer gesehen haben.

DESHALB IST das Dringendste, was man zum Wachwerden braucht, nicht Energie, Stärke, Jugendlichkeit oder gar große Intelligenz. Das allein Notwendige ist die Bereitschaft, etwas Neues zu lernen. Die Wahrscheinlichkeit, wach zu werden, steht in direktem Zusammenhang damit, wie viel Wahrheit Sie ertragen können, ohne vor ihr wegzulaufen. Wieviel sind Sie bereit zu ertragen? Wie viel von dem, was Ihnen lieb und teuer geworden ist, sind Sie bereit aufzugeben, ohne davonzulaufen? Wie sehr sind Sie bereit, über etwas Unvertrautes nachzudenken?

Die erste Reaktion ist Furcht. Nicht dass wir das Unbekannte fürchteten. Man kann nicht fürchten, was man nicht kennt. Vor was man sich eigentlich fürchtet, ist der Verlust des Bekannten. Davor fürchten wir uns.

GLAUBE

DAS IST GLAUBE, meine Damen und Herren! Offensein für die Wahrheit, was auch immer sich daraus ergeben mag, wohin auch immer sie einen führen wird. Das ist Vertrauen. Nicht Überzeugung, sondern Glaube. Ihre Überzeugungen mögen Ihnen viel Sicherheit geben, aber Glaube ist Unsicherheit. Sie wissen nicht. Sie sind bereit zu folgen und sind offen, ganz offen! Sie sind bereit zuzuhören. Und offen zu sein heißt nicht, leichtgläubig zu sein, heißt nicht, alles zu schlucken, was einem gerade gesagt wird. Durchaus nicht. Sie müssen alles, was ich sage, in Frage stellen, doch aus einer offenen und keiner verbohrten Einstellung heraus. Denken Sie an das großartige Wort von Buddha: „Mönche und Gelehrte dürfen meine Worte nicht aus Respekt annehmen, sie müssen sie aufgliedern und bearbeiten, wie der Goldschmied Gold bearbeitet- durch Sägen, Gravieren, Löten und Schmelzen."

GLÜCK

WENN MAN GLÜCKLICH sein möchte, kann man es augenblicklich sein, denn das Glück liegt in diesem Augenblick. Wenn man jedoch noch glücklicher sein will, oder glücklicher als die anderen, zeigt man alle Eigenschaften eines unglücklichen Menschen, denn Glück ist unvergleichlich. Solche Wünsche sind unerfüllbar. Man kann nur so glücklich sein wie man selbst ist; das Glück der anderen lässt sich nicht messen.

MÖCHTEN SIE glücklich sein? Ununterbrochenes Glück hat keine Ursache. Wahres Glück hat keine Ursache. Sie können mich nicht glücklich machen. Sie sind nicht mein Glück. Wenn Sie jemanden, der erwacht ist, fragen: „Warum sind Sie glücklich?", wird er antworten: „Warum nicht?"

Glück ist unser natürlicher Zustand. Glück ist der natürliche Zustand kleiner Kinder, ihnen gehört das Königreich, bis die Dummheit der Gesellschaft und Kultur sie angesteckt und verdorben hat. Um das Glück zu erlangen, müssen Sie gar nichts tun, denn das Glück kann man nicht erlangen. Wissen Sie auch warum? Weil wir es schon haben. Wie soll man auch etwas erlangen, was man schon besitzt? Aber warum erfahren Sie es dann nicht? Weil Sie zuerst etwas verlieren müssen, und zwar Ihre Illusionen.

„DAS GLÜCK IST ein Schmetterling", sagte der Meister.
„Jag ihm nach, und er entwischt dir. Setz dich hin,
und er lässt sich auf deiner Schulter nieder."
„Was soll ich also tun, um das Glück zu erlangen?"
„Hör auf, hinter ihm her zu sein."
„Aber gibt es nichts, was ich tun kann?"
„Du könntest versuchen, dich ruhig hinzusetzen,
wenn du es wagst."

GOTT

ES BEUNRUHIGTE einige Schüler, dass der Meister sich kaum darüber Sorgen machte, ob Leute an einen personalen Gott glaubten oder nicht.

Er zitierte ihnen einmal einen Satz, für den er eine besondere Vorliebe hatte; er entstammt dem Tagebuch Dag Hammarskjölds, dem 1961 in Afrika ums Leben gekommenen Generalsekretär der Vereinten Nationen:

„Gott stirbt nicht an dem Tag, an dem wir nicht mehr an eine personale Gottheit glauben. Vielmehr sterben wir an dem Tag, an dem unser Leben nicht mehr vom beständigen Glanz der täglich erneuerten Wunder erhellt wird, deren Quellen jenseits aller Vernunft liegen" (WEGZEICHEN).

EINEM PRIESTER, der ständig wiederholte: „Wir müssen Gott in unser Leben aufnehmen", sagte der Meister: „Er ist schon da. Für uns geht es darum, das zu erkennen."

DER MYSTIKER war aus der Wüste zurückgekehrt. Begierig fragten sie: „Sag uns, wie ist Gott?"

Aber wie könnte er je in Worte kleiden, was er in den Tiefen seines Herzens erfahren hatte? Kann man Wahrheit in Worte fassen?

Schließlich gab er ihnen eine Formel – ungenau und unzulänglich – in der Hoffnung, einige dadurch zu veranlassen, selbst zu suchen, was er erfahren hatte.

Sie klammerten sich an die Formel. Sie machten einen heiligen Text daraus. Sie drängten es jedem als heiligen Glauben auf. Sie gaben sich große Mühe, ihn in fremden Landen zu verbreiten. Und einige opferten sogar ihr Leben dafür.

Und der Mystiker war traurig. Vielleicht hätte er besser geschwiegen.

GOTTVERTRAUEN

EIN PRIESTER SASS an seinem Schreibtisch am Fenster und bereitete eine Predigt über die Vorsehung vor, als er plötzlich eine Explosion zu hören glaubte. Bald sah er auch Menschen in Panik hin und her laufen und erfuhr, dass ein Damm gebrochen war, der Fluss Hochwasser führte, und die Bevölkerung evakuiert wurde.

Der Priester sah, wie das Wasser auf der Straße stieg. Es fiel ihm schwer, aufsteigende Panik zu unterdrücken, aber er sagte sich: „Ausgerechnet jetzt arbeite ich an einer Predigt über die Vorsehung, da erhalte ich Gelegenheit zu praktizieren, was ich predige. Ich werde nicht fliehen. Ich werde hier bleiben und auf Gottes Vorsehung, mich zu retten, vertrauen."

Als das Wasser bis zu seinem Fenster stand, fuhr ein Boot vorbei, und die Menschen darin riefen ihm zu: „Steigen Sie ein, Herr Pfarrer." „Oh, nein, Kinder", sagte der Priester zuversichtlich, „ich vertraue auf die Vorsehung. Gott wird mich retten."

Er kletterte jedoch auf das Dach, und als das Wasser auch bis dorthin stieg, kam ein weiteres Boot voller Menschen vorbei, und sie drängten den Pfarrer, einzusteigen. Wiederum lehnte er ab.

Dieses Mal stieg er bis in die Glockenstube. Als ihm das Wasser bis zu den Knien reichte, schickte man einen Polizeioffizier mit einem Motorboot, um ihn zu retten. „Nein, danke, Herr Offizier", sagte der Priester ruhig lächelnd. „Sehen Sie, ich vertraue auf Gott. Er wird mich nicht im Stich lassen."

Als der Pfarrer ertrunken und zum Himmel aufgestiegen war, beklagte er sich sofort bei Gott. „Ich habe dir vertraut! Warum tatest du nichts, um mich zu retten?"

„Nun ja", erwiderte Gott, „immerhin habe ich drei Boote geschickt."

GÖTZEN

„ES KANN SEIN, dass du eines Tages sprichst: Ich habe Gott gefunden. Ich kenne ihn. Er ist so und so. Er ist da und dort. Er ist in mir, in der Schöpfung, in der Eucharistie...

Dieser Tag ist für dich eine Katastrophe, denn dann hast du deinen Gott gefunden, deine eigene Projektion, und die ist armselig und klein. Und solche Götter – solche Götzenbilder – halten auch uns armselig und klein. Wir neigen dazu, für sie zu kämpfen. Man bekommt es mit der Angst zu tun, wenn man Menschen von Dingen reden hört, an die sie nur `glauben´, und wenn sie damit zu drohen anfangen. Sie können damit Schreckliches anrichten ... Das Geheimnis braucht keine gewaltsamen Verteidiger. Nur Götzen brauchen sie. Das Geheimnis macht uns demütig."

DER MEISTER WURDE nie müde, seine Schüler vor den Gefahren der Religion zu warnen. Er erzählte gerne die Geschichte des Propheten, der eine brennende Fackel durch die Straßen trug und sagte, er werde den Tempel anzünden, damit die Menschen sich mehr um Gott als den Tempel kümmerten.

Dann fügte er hinzu: „Eines Tages werde auch ich eine brennende Fackel tragen und beide anzünden, den Tempel und Gott.“

GÖTZENDIENST ist eine Illusion, die den äußeren Umständen eine größere Kraft zuschreibt als denen, die in Ihnen selbst liegen. Wenn Sie jemandem Macht über sich geben, schaffen Sie selbst den Götzen.

GRETCHENFRAGE

DIE BESTE PRÜFUNG, wie es mit Ihrer Bewusstheit steht, ist, sich zu fragen: „Wie habe ich die letzte, eben vergangene Stunde gelebt?“

GROSSMUT

DER ZEN-MEISTER Ryokan lebte sehr bescheiden in einer kleinen Hütte am Fuß der Berge. Eines Nachts, als der Meister fort war, brach ein Dieb in die Hütte ein, nur um festzustellen, dass nichts zu stehlen war.

Ryokan kam zurück und erwischte ihn. „Du hast dir viel Mühe gemacht, mich zu besuchen“, sagte er zu dem Einbrecher. „Du sollst nicht mit leeren Händen davongehen. Bitte nimm meine Kleider und die Decke als Geschenk.“ Der Dieb nahm höchst verwirrt die Kleider und trollte sich. Ryokan setzte sich hin, nackt wie er war, und beobachtete den Mond. „Armer Kerl“, dachte er bei sich, „ich wünschte, ich könnte ihm den wunderbaren Mondschein geben.“

GRUPPENDYNAMIK

„WAS SOLL DIE Tür unter Ihrem Arm?“ „Es ist die Eingangstür meines Hauses. Ich habe den Schlüssel verloren und nehme sie mit, um mir einen neuen Schlüssel machen zu lassen.“

„Passen Sie auf, dass Sie jetzt nicht noch die Tür verlieren, sonst kommen Sie nicht mehr in Ihr Haus hinein.“ „Für alle Fälle habe ich ein Fenster offen gelassen.“

VIER MÖNCHE beschlossen, einen Monat zu schweigen. Zunächst ging alles gut, aber nach dem ersten Tag sagte ein Mönch: „Ich bin nicht sicher, ob ich meine Zellentür zugeschlossen habe, als wir das Kloster verließen."

Ein anderer sagte, „Du Narr! Wir haben beschlossen, einen Monat zu schweigen, und nun hast du das Schweigen gebrochen."

Der dritte sagte: „Und du? Du hast es auch gebrochen." Sagte der vierte: „Gott sei Dank bin ich der einzige, der noch nicht gesprochen hat."

GÜTE

DER MEISTER und ein Schüler begegneten unterwegs einem Blinden, der am Straßenrand saß und bettelte. Sagte der Meister: „Gib dem Mann ein Almosen!"

Der Schüler warf eine Münze in den Hut des Bettlers.

Sagte der Meister: „Du hättest deinen Hut ziehen sollen als Zeichen des Respekts."

„Warum?" wollte der Schüler wissen.

„Man sollte es immer tun, wenn man ein Almosen gibt."

„Aber der Mann war doch blind!"

„Man kann es nie wissen", erwiderte der Meister, „vielleicht war er ein Schwindler."

WAS FÜR GEDANKEN machen mich warm und gütig und vertreiben Hass und Ärger aus meinem Herzen?

HANDELN

DEN SCHÜLERN, die stets nach Worten der Weisheit verlangten, sagte der Meister: „Weisheit wird nicht in Worten ausgedrückt, sie offenbart sich im Handeln."

Aber als er sah, wie sie sich Hals über Kopf in Betriebsamkeit stürzten, lachte er laut und sagte: „Das ist nicht Handeln, das ist Bewegung."

HARMONIE

FÜR DEN MEISTER hatten alle Normen und Regeln, auch wenn sie als heilig galten, einen rein funktionalen Wert und mussten der Wirklichkeit entsprechen, die allein das höchste Gesetz darstellte.

Als seine Tochter im Teenageralter modebewusst ein schulterfreies Kleid tragen wollte, meinte ihre Mutter, sie wäre für diese Art von Kleidung noch zu jung. Eine hitzige, tagelange Debatte entspann sich.

Als man sich schließlich an den Meister wandte, sagte er: „Lasst sie eins anprobieren. Wenn es ihr steht, ist sie alt genug, es zu tragen."

WENN der Schuh passt
wird der Fuß vergessen;
wenn der Gürtel passt,
wird die Taille vergessen;
wenn alle Dinge in Harmonie sind,
wird das Ego vergessen.
Was nützen also eure Entbehrungen!

VON DEM Zen-Meister Bankei sagt man, er habe keine Schule begründet. Er hinterließ keine Bücher und keine Schüler.

Er war wie ein Vogel, von dessen Flug über den Himmel keine Spur zurückblieb. Man sagte von ihm, „kein Grashalm bewege sich, wenn er einen Wald betrat; keine Welle entstehe, wenn er durch Wasser schritt."

Er belastete die Erde nicht. Keine Heldentat, keine Eroberung, Leistung oder Spiritualität ist damit zu vergleichen: die Erde nicht belastet zu haben.

HEILIGE SCHRIFT

EIN GELEHRTER MANN kam einst zu Buddha und sagte: „Was Ihr lehrt, Sir, steht nicht in den Heiligen Schriften."

„Dann fügt Ihr es doch in die Schriften ein", sagte Buddha.

Nach einer verlegenen Pause fuhr der Mann fort: „Darf ich mir die Kühnheit erlauben, Sir, anzudeuten, dass einiges von dem, was Ihr lehrt, den Heiligen Schriften direkt widerspricht?"

„Dann berichtigt die Schriften", sagte Buddha.

DEN VEREINTEN NATIONEN wurde ein Vorschlag unterbreitet, die Heiligen Bücher aller Religionen der Welt zu überprüfen. Alles, was zu Intoleranz, Grausamkeit oder Fanatismus führen könnte, sollte gestrichen werden. Alles, was irgendwie gegen die Würde und das Wohlergehen der Menschen gerichtet wäre, sollte ausgelassen werden.

Als sich herausstellte, dass Jesus Christus selbst diesen Vorschlag gemacht hatte, stürzten Reporter zu seiner Residenz, um nähere Erläuterungen zu bekommen. Seine Erklärung war einfach und kurz: „Die Heiligen Schriften sind wie der Sabbat für den Menschen gemacht", sagte er, „nicht der Mensch für die Schriften."

HEILUNG

ZU EINEM bekümmerten Menschen, der sich an ihn um Hilfe wandte, sagte der Meister: „Willst du wirklich Heilung?"

„Wenn nicht, würde ich mir dann die Mühe machen, zu Euch zu kommen?"

„Oh ja, die meisten Menschen tun das."

„Wozu?"

„Nicht wegen der Heilung, die tut weh, sondern um Erleichterung zu finden."

Seinen Schülern sagte der Meister: „Menschen, die Heilung wollen, vorausgesetzt, sie können sie ohne Schmerzen haben, gleichen jenen, die für den Fortschritt eintreten, vorausgesetzt, sie können ihn ohne Veränderung bekommen."

HERZ

VORURTEILE UND FESTE Ansichten sind nicht die einzigen Gegenspieler klaren Denkens. Auch auf ein anderes Gegnerpaar ist zu achten: das Begehren und die Angst. Ein Denken, das nicht von Gefühlen angesteckt ist – vom Begehren, von der Angst und der Selbstsucht –, verlangt eine strenge Askese. Viele nehmen irrtümlich an, dass Denken nur mit dem Kopf geschieht; tatsächlich geschieht es zuerst mit dem Herzen, das eine Folgerung zieht und dann dem Kopf befiehlt, dafür Begründungen zu liefern. (...) Sie werden feststellen, dass es nicht allein Intelligenz ist, was klares Denken verlangt. Vielmehr braucht es Mut, um Angst und Begehren erfolgreich zu überwinden. Denn Ihr Herz wird, sobald Sie etwas begehren oder sich vor etwas ängstigen, sich – bewusst oder unbewusst – Ihrem Denken in den Weg stellen.

Dies ist eine Betrachtung für geistliche Meister, die schon erkannt haben, dass sie für die Suche nach Wahrheit keine lehrhaften Formeln brauchen, sondern ein Herz, das immer wenn das Denken in Gang ist, seine eingefahrenen Vorlieben und Eigeninteressen abstreift; ein Herz, das nichts zu schützen und nichts zu erstreben hat und deshalb den Verstand auf der Suche nach der Wahrheit ungehindert ausgreifen lässt, frei und ohne Angst; ein Herz, das immer bereit ist, das offenkundige Neue zu akzeptieren und seine Sichtweisen zu ändern. Solch ein Herz wird zu einem Licht, das das Dunkel der ganzen Menschheit erhellt...

EINES TAGES war Gott der Menschen überdrüssig. Ständig plagten sie ihn, wollten alles mögliche von ihm.

Also sprach Gott: „Ich werde weggehen und mich eine Weile verstecken." Er versammelte alle seine Ratgeber um sich und fragte: „Wo soll ich mich verstecken?"

Einige rieten: „Verstecke dich auf dem höchsten Berggipfel der Welt."

Andere hingegen: „Nein, verbirg dich lieber am tiefsten Meeresgrund, dort werden sie dich nie suchen."

Wieder andere empfahlen: „Verstecke dich auf der dunklen Seite des Mondes, das ist das sicherste Versteck. Wer sollte dich dort finden?"

Schließlich wandte sich Gott an seinen klügsten und intelligentesten Engel: „Was rätst du mir, wo soll ich mich verstecken?"

Und der kluge und intelligente Engel erwiderte lächelnd: „Verstecke dich im menschlichen Herzen! Das ist der einzige Ort, auf den sie niemals kommen!"

ICH ERINNERE mich,
dass es noch eine andere Quelle in mir gibt,
die nicht auf Gedanken angewiesen ist,
um mir alles zu geben, was ich brauche.

Ich mache einen indirekten Versuch, sie zu erreichen,
indem ich mir eine lichtdurchflutete Höhle
in meinem Herzen vorstelle.
Als ich eintrete, dringt das Licht in mich ein.
Ich kann fühlen, wie seine Strahlen
erschaffen und beleben und wärmen und heilen.
So sitze ich in schweigender Anbetung
mitten in der Höhle,
und das Licht sickert durch alle Poren in mich ein.

HIMMEL

EINEM SCHÜLER, den der Gedanke vom Leben nach dem Tode nicht losließ, sagte der Meister: „Warum auch nur einen Augenblick mit dem Gedanken an das Danach verschwenden?"

„Aber ist es denn möglich, das nicht zu tun?"

„Ja".

„Wie?"

„Indem man hier und jetzt im Himmel lebt."

„Und wo ist dieser Himmel?"

„Im Hier und Jetzt."

HÖREN

DER TEMPEL HATTE auf einer zwei Meilen in der offenen See gelegenen Insel gestanden. In ihm befanden sich tausend Glocken. Große und kleine, Glocken, von den besten Handwerkern der Welt gegossen. Wenn der Wind wehte oder ein Sturm wütete, begannen alle Glocken gleichzeitig zu ertönen und in einer Symphonie zusammenzuklingen, die das Herz des Hörers in Entzücken versetzte.

Aber im Laufe der Jahrhunderte versank die Insel im Meer und mit ihr der Tempel und die Glocken. Nach einer alten Überlieferung ertönten die Glocken auch weiterhin, unaufhörlich, und jeder konnte sie hören, der aufmerksam lauschte. Beflügelt von dieser Überlieferung, reiste ein junger Mann Tausende von Meilen, um dieses Wunder zu hören. Tagelang saß er an der Küste, der Stelle gegenüber, wo der Tempel einst gestanden hatte, und lauschte – lauschte mit allen Fasern seines Herzens. Aber er hörte nur die sich am Strand brechenden Wellen. Er bemühte sich immer wieder, das Brausen der Wellen zu verdrängen, damit er die Glocken hören konnte. Aber vergeblich; das Rauschen des Meeres schien das Universum zu überfluten.

Viele Wochen blieb er seiner Aufgabe treu. Wenn er entmutigt war, pflegte er den Worten der Dorf-Pandits zu lauschen, die überschwenglich die Legende der Tempelglocken erzählten und jene erwähnten, die sie gehört und damit ihre Wahrheit bekräftigt hatten. Und sein Herz begann zu brennen, als er ihre Worte hörte, nur um wieder entmutigt zu sinken, als wochenlanges Bemühen nichts ergab.

Schließlich beschloss er, den Versuch aufzugeben. Vielleicht war es ihm nicht bestimmt, zu den Glücklichen zu gehören, die die Glocken vernehmen konnten. Vielleicht stimmte die Legende nicht. Er wollte nach Hause zurückkehren und seinen Misserfolg eingestehen. Am letzten Tag ging er zu seinem Lieblingsplatz am Strand, um sich von der See, dem Himmel, dem Wind und den Kokospalmen zu verabschieden. Er lag im Sand, blickte in den Himmel und lauschte dem Rauschen des Meeres. An diesem Tag sträubte er sich nicht gegen das Rauschen. Im Gegenteil, er gab sich ihm hin und empfand das Tosen der Wellen angenehm und beruhigend. Bald hatte er sich so in diesem Klang verloren, dass er sich seiner selbst kaum mehr bewusst war, so tief war die Stille in seinem Herzen geworden.

In der Tiefe dieser Stille hörte er es! Das helle Klingeln einer winzigen Glocke, gefolgt von einer anderen und noch einer anderen und wieder einer anderen... und bald ertönten alle tausend Tempelglocken in wunderbarem Zusammenklang, und sein Herz war außer sich vor Freude und Staunen.

Wenn du die Tempelglocken hören willst, lausche dem Klang des Meeres.

Wenn du Gott sehen willst, sieh dir die Schöpfung mit offenen Augen an. Lehne sie nicht ab, grübele nicht darüber nach. Sieh sie dir einfach an. ☙

HORCHE NUN in dein eigenes Herz.
Auch da erklingt ein Gesang,
denn du bist ein Teil der Natur.
Wenn du diesen Gesang noch nie gehört hast,
dann hast du nicht aufmerksam genug gelauscht.

Horch! Wie klingt der Gesang?
Traurig ... fröhlich ... zuversichtlich ... zärtlich ...?

Auch in deinem Herzen ist ein Schweigen.
Wenn dir jeder deiner Gedanken, Zerstreuungen,
Wunschbilder und Gefühle bewusst wird
dann wirst du
dieses Schweigen sicher erfahren ..

Nun sieh, wie das Lied in deinem Herzen
in das Lied der Natur einschwingt, die dich rings umgibt ...

Horch.
Je aufmerksamer du bist,
desto stiller wirst du werden.
Je stiller du wirst,
desto aufmerksamer wirst du lauschen. ☙

IDEALE

IDEALE RICHTEN viel Schaden an. Die ganze Zeit konzentriert man sich darauf, was sein sollte, anstatt auf das, was ist.

IDENTIFIKATION

IDENTIFIZIEREN SIE sich mit nichts. Jemand fragte mich vorhin: „Sind Sie denn nie bedrückt?" Und ob ich bedrückt bin. Ich habe oft regelrechte Anfälle von Bedrücktsein, die aber nicht lange anhalten, wirklich nicht. Was mache ich also? Erstens: Ich identifiziere mich nicht damit. Ich spüre, wie mich ein bedrückendes Gefühl befällt. Anstatt nun aber angespannt und nervös zu werden und mich über mich selbst zu ärgern, erkenne ich, dass ich deprimiert bin, enttäuscht, oder was auch immer.

MACH DIR JEDEN Gedanken bewusst,
den du denkst ...
Es kann leicht vorkommen,
dass bald alle Gedanken fort sind,
und dass dir nur noch der eine Gedanke bewusst ist:
„Ausgerechnet-jetzt-habe-ich-keine-Gedanken-im-Kopf."
Nun achte auf den, der diese Gedanken beobachtet –

oder auf den, der sie denkt ...
Mach dir klar, dass der Beobachter, das „Ich“,
von den Gedanken selbst unterschieden ist.

Du kannst dir ausdrücklich sagen:
„Meine Gedanken sind nicht ich ...
Ich bin nicht mein Denken ...“
Nimm wahr, was du in diesem Augenblick fühlst,
– oder erinnere dich an irgendein Gefühl von früher –
besonders an ein Unlustgefühl
wie Angst, Furcht, Verletztsein,
Mutlosigkeit, Schuld ...

Richte deine Aufmerksamkeit auf den,
der das Gefühl beobachtet
oder sich daran erinnert hat ...

Mach dir klar, dass der Beobachter, das „Ich“,
etwas anderes ist
als das beobachtete Gefühl.

Du kannst dir ausdrücklich sagen:
„Ich bin nicht das Gefühl.“

SELBSTBEOBACHTUNG bedeutet, alles in sich selbst und um sich herum zu beobachten, so gut es geht, und es so betrachten, als geschähe es jemand anderem. Was bedeutet das konkret? Es bedeutet, dass Sie das, was Ihnen passiert, nicht persönlich nehmen. Es heißt, die Dinge so zu betrachten, als hätten Sie keinen Bezug zu ihnen.

Der Grund, weshalb Sie unter Ihrer Niedergeschlagenheit und Ihren Ängsten leiden, liegt darin, dass Sie sich mit ihnen identifizieren. Sie sagen: „Ich bin niedergeschlagen." Das ist aber falsch. Sie sind gar nicht niedergeschlagen. Wenn Sie korrekt sein wollten, würden Sie zum Beispiel sagen: „Ich erlebe gerade eine Phase der Niedergeschlagenheit." Hingegen können Sie kaum sagen: „Ich bin niedergeschlagen." Sie sind nicht Ihre Niedergeschlagenheit. Das ist nur ein seltsamer Trick des Verstands, eine merkwürdige Illusion. Sie haben sich selbst vorgemacht – obwohl Sie sich dessen nicht bewusst sind –, dass Sie Ihre Niedergeschlagenheit und Ihre Ängste sind, dass Sie Ihre Freude oder Begeisterung, die Sie erleben, sind. „Ich bin erfreut!" Sie sind sicherlich nicht erfreut. Vielleicht ist Freude in Ihnen, doch warten Sie nur ab, das wird sich ändern, es wird nicht andauern; es dauert nie lange; es ändert sich ständig, ändert sich immer. Wolken kommen und ziehen vorüber: manche sind dunkel und manche sind hell, manche sind groß, andere sind klein. Wenn wir der Analogie folgen wollen, wären Sie der Himmel und beobachteten die Wolken. Sie sind der passive, unbeteiligte Beobachter. Das ist schockierend, besonders für einen Menschen der westlichen Kultur. Sie greifen gar nicht ein. Greifen Sie auch wirklich nicht ein, rücken Sie nichts zurecht. Schauen Sie zu! Beobachten Sie!

INNEN

DER SCHÜLER BAT um ein Wort der Weisheit. Sagte der Meister: „Geh, setz dich in deine Zelle und deine Zelle wird dich Weisheit lehren."

„Aber ich habe keine Zelle. Ich bin kein Mönch."
„Natürlich hast du eine Zelle. Blick in dich."

SAGTE DER MÖNCH: „Woher kommen diese Berge und Flüsse und die Erde und die Sterne?"
Sagte der Meister: „Woher kommt deine Frage? Blicke in dich!"

JA

JAHRELANG WAR ICH neurotisch. Ich war ängstlich und depressiv und selbstsüchtig. Und jeder sagte mir immer wieder, ich sollte mich ändern. Und jeder sagte mir immer wieder, wie neurotisch ich sei.

Und sie waren mir zuwider, und ich pflichtete ihnen doch bei, und ich wollte mich ändern, aber ich brachte es nicht fertig, sosehr ich mich auch bemühte.

Was mich am meisten schmerzte, war, dass mein bester Freund mir auch immer wieder sagte, wie neurotisch ich sei. Auch er wiederholte immer wieder, ich sollte mich ändern.

Und auch ihm pflichtete ich bei, aber zuwider wurde er mir nicht, das brachte ich nicht fertig. Ich fühlte mich so machtlos und gefangen.

Dann sagte er mir eines Tages: „Ändere dich nicht. Bleib, wie du bist. Es ist wirklich nicht wichtig, ob du dich änderst oder nicht. Ich liebe dich so, wie du bist. So ist es nun einmal."

Diese Worte klangen wie Musik in meinen Ohren: ‚Ändere dich nicht, ändere dich nicht… ich liebe dich.'

Und ich entspannte mich, und ich wurde lebendig, und Wunder über Wunder, ich änderte mich!

Jetzt weiß ich, dass ich mich nicht wirklich ändern konnte, bis ich jemanden fand, der mich liebte, ob ich mich nun änderte oder nicht.

Liebst du mich auf diese Weise, Gott?

„HERR, ERWEISE mir die Gnade und lass mich ändern, was geändert werden kann, lass mich akzeptieren, was nicht geändert werden kann, und gib mir die Weisheit, den Unterschied zwischen beiden zu erkennen."

Es gibt so viele Dinge in unserem Leben, die nicht geändert werden können! Wir sind ihnen gegenüber machtlos. Doch wenn wir ja zu ihnen sagen können, kommen wir zum Frieden. Der Frieden liegt im Ja. Sie können weder die Zeit anhalten, weder den Tod eines geliebten Menschen ungeschehen machen, noch die Begrenztheit Ihres Körpers oder Ihre eigenen Unfähigkeiten überwinden. (...)

Wenn Sie an dieser Einstellung festhalten, werden Sie sogar in den Dingen Frieden finden, um die zu ändern Sie kämpfen.

EIN WANDERER: „Wie wird das Wetter heute?" Der Schäfer: „So, wie ich es gerne habe." „Woher wisst Ihr, dass das Wetter so sein wird, wie Ihr es liebt?"

„Ich habe die Erfahrung gemacht, mein Freund, dass ich nicht immer das bekommen kann, was ich gerne möchte. Also habe ich gelernt, immer das zu mögen, was ich bekomme. Deshalb bin ich ganz sicher: das Wetter wird heute so sein, wie ich es mag."

JETZT

IN FÜLLE LEBEN bedeutet, in der Gegenwart zu leben. In der Gegenwart zu leben bedeutet, ganz im Hier und Jetzt da zu sein. (...) Sei da, wo du bist, und zwar voll und ganz. Das Leben ist nicht im Gestern. Es steckt auch nicht im Morgen. Es ist in der Gegenwart da. Das Gleiche gilt für die Liebe. Das Gleiche gilt für Gott. Lebe in der Gegenwart und spüre, wie das Leben jetzt ist. Das ewige Leben ist ein einziges Jetzt; folglich ist es hier und jetzt da.

BUDDHA WURDE einmal gefragt: „Wer ist heilig?" Er antwortete: „Jede Stunde ist in Sekunden eingeteilt und jede Sekunde in Sekundenbruchteile. Wer in jedem Bruchteil einer Sekunde voll bewusst gegenwärtig ist, ist wahrlich ein heiliger Mensch." (...)

EIN ÄNGSTLICHER Tourist fürchtete, zu nahe an den Klippenrand zu kommen. „Was soll ich machen, wenn ich hinunterfalle?" fragte er den Führer.

Der sagte voller Begeisterung: „In diesem Falle, Sir, sollten Sie unbedingt nach rechts blicken. Die Aussicht wird Ihnen gefallen."

Natürlich nur, wenn auch Sie erleuchtet sind!

KETZER

EIN SCHÜLER erinnerte eines Tages daran, wie Buddha, Jesus und Mohammed als Rebellen und Ketzer von ihren Zeitgenossen gebrandmarkt worden waren.

Sagte der Meister: „Keiner kann behaupten, den Gipfel der Wahrheit erreicht zu haben, so lange er nicht von tausend lauteren Menschen der Gotteslästerung angeklagt worden ist.“

KLEINSEIN

ICH HALTE DAS kleinste von allen Samenkörnern in meiner hohlen Hand.

Dann sehe ich es als hochgewachsenen Baum, der stark genug ist, um Vogelnester zu tragen.

Mein innerer Blick geht vom Samenkorn zum Baum mehrmals hin und her.

Dann beobachte ich das Samenkorn in all seinen Wachstumsphasen.

Schließlich sitze ich vor dem hochgewachsenen Baum und unterhalte mich mit ihm.

Wir sprechen über das Kleinsein, der Baum und ich.

Über Mutlosigkeit, Wagnisse in unserem Leben, Verände-

rung mit allem, was dazu gehört, Fruchtbarkeit, Dienst ...
und endlich über Gottes Macht in unserem Leben. ☙

KÖRPER

WAS WÜRDE IHNEN Ihr Körper sagen, wenn er sprechen könnte? Beobachten Sie die Gier, den Ehrgeiz, die Eitelkeit, die Wichtigtuerei und das Imponiergehabe, die Schuld, die Sie für die Stimme Ihrer Körpers taub macht, während sie allem nachjagen, was sich Ihr Ego als Ziel gesetzt hat. ☙

MIT SICH SELBST Kontakt aufnehmen, indem man die Wahrnehmung seines Körpers erspürt, hilft, mit Gott ins Gespräch zu kommen, weil ruhige Selbstbeobachtung es uns ermöglicht, innerlich still und aufnahmebereit zu werden. ☙

KRITIK

VON EINEM BAUM warf ein Affe eine Kokosnuss einem Sufi auf den Kopf. Der Mann hob die Nuss auf, trank die Milch, aß das Fruchtfleisch und machte sich eine Schüssel aus der Schale.
Dank für jede Kritik. ☙

KUDDELMUDDEL

ZWEI HANDELSVERTRETER trafen sich auf einem Bahnsteig. „Hallo." „Hallo."

Schweigen.

„Wohin fahren Sie?"

„Kalkutta."

Schweigen.

„Hören Sie! Wenn Sie sagen, Sie fahren nach Kalkutta, wissen Sie genau, dass ich denke, in Wirklichkeit fahren Sie nach Bombay. Aber nun weiß ich zufällig, dass Sie tatsächlich nach Kalkutta fahren. Warum sagen Sie also nicht die Wahrheit?"

LACHEN

ES GAB KEIN wichtigtuerisches Gehabe um den Meister. Wildes, ausgelassenes Gelächter brach jedes Mal los, wenn er sprach, zum Entsetzen derer, die es mit ihrer Spiritualität – und mit sich selbst feierlich hielten.

Sagte ein enttäuschter Besucher: „Der Mann ist ein Clown."

„Nein, nein", sagte ein Schüler. „Du übersiehst den entscheidenden Punkt: ein Clown bringt dich über ihn zum Lachen, ein Meister bringt dich über dich selbst zum Lachen.

EIN ANDERMAL erklärte er:
„Wenn du imstande bist, dem Leben ins Gesicht zu lachen, erhältst du Macht über die Welt – genau wie derjenige, der darauf vorbereitet ist zu sterben.“

LEBEN

„EIN FRÜHERER MEISTER lehrte mich, Geburt und Tod anzunehmen.“

„Warum bist du dann zu mir gekommen?“ fragte der Meister.

„Zu lernen, das anzunehmen, was dazwischen liegt.“

WENN DER TEICH austrocknet,
und die Fische auf dem Trockenen liegen,
genügt es nicht, sie mit dem eigenen Atem zu befeuchten
oder mit Speichel zu benetzen,
man muss sie zurückwerfen in den See.
Versucht nicht,
Menschen zu beleben durch Lehrmeinungen,
werft sie zurück in die Wirklichkeit.
Denn das Geheimnis des Lebens
findet man im Leben selbst,
nicht in Lehren über das Leben.

DENN ES GIBT niemanden, der so frei und lebendig wäre wie derjenige, der den Tod, die eigene Unwichtigkeit schon akzeptiert hat.

LEIDEN

IM ALLGEMEINEN sagt man, dass es nur normal sei, Probleme zu haben, dass Leiden menschlich sei. In diesem Fall ist es besser, Ihnen einmal zu erklären, was Leiden überhaupt ist. Sie können Schmerzen haben und leiden oder Schmerzen haben und nicht leiden.

Ein Meister wurde von seinem Schüler gefragt: „Was hat dir die Erleuchtung gebracht?"

Der Meister antwortete: „Bevor ich erleuchtet war, war ich oft betrübt; nachdem ich nun erleuchtet wurde, bin ich immer noch betrübt." ...

Kummer und Sorge werden nicht zum Verschwinden gebracht. Sie werden wie vorüberziehende Wolken am Himmel sein, und Sie identifizieren sich mit den Wolken. Doch können Sie auch der Himmel sein und die Wolken ziehen lassen. Und sie kommen und gehen nach wie vor: „Bevor ich erleuchtet wurde, war ich oft betrübt, und danach bin ich es auch noch."

DER JETZIGE AUGENBLICK, und sei er noch so schmerzlich, ist niemals unerträglich. Was nicht zu ertragen ist, ist das, worüber Sie sich Gedanken machen, was wohl in fünf Stunden oder in fünf Tagen passieren mag; auch solche Worte, die Ihnen ständig durch den Kopf gehen, wie: „Das ist schrecklich, das ist unerträglich, wie lange soll das denn noch dauern", und so weiter.

DER MEISTER erzählte, wie er einmal auf einer Bahnfahrt im oberen Bett eines Liegewagens die Nacht verbrachte. Es war ihm unmöglich einzuschlafen, da von unten her ständig ein Stöhnen zu hören war: „Ach, bin ich durstig ... ach, bin ich durstig ...!"

Das Stöhnen wollte kein Ende nehmen. Da kletterte der Meister schließlich die Leiter hinunter, ging durch den ganzen Zug zum Speisewagen, kaufte zwei Becher Bier, ging den langen Weg zu seinem Abteil zurück und reichte die beiden Becher dem geplagten Mitreisenden.

„Hier ist etwas zu trinken!"

„Wunderbar, Gott sei Dank!"

Der Meister stieg die Leiter hoch und streckte sich wieder aus. Kaum hatte er die Augen geschlossen, hörte er es von unten her stöhnen: „Ach Gott, war ich durstig ... oh, war ich durstig!"

LIEBE

DIE MENSCHEN zu lieben heißt: auch ohne sie vollkommen glücklich zu sein, ohne Angst, jemandem weh zu tun, ohne das Bestreben zu beeindrucken, ohne die Furcht, sie könnten einmal aufhören, einen zu mögen und einen verlassen. Egal, was andere sagen oder tun, Sie leben in Frieden. Füllen Sie Ihre Leere nicht mit Menschen, und nennen es dann auch noch Liebe.

ICH VERLANGE NICHT, dass du mich glücklich machst; mein Glück ist nicht in dir begründet. Wenn du mich verlassen würdest, würde ich mich nicht bedauern; ich genieße deine Gesellschaft über alle Maßen, aber ich klammere mich nicht an. Ich genieße sie, ohne mich festzuklammern. Was ich eigentlich genieße, bist nicht du, es ist etwas, das größer ist als wir beide. Es ist etwas, das ich entdeckt habe, eine Art Sinfonie, eine Art Orchester, das in deiner Gegenwart eine Melodie spielt. Doch wenn du gehst, hört das Orchester nicht auf zu spielen. Begegne ich jemand anderem, spielt es eine andere Melodie, die auch wunderbar ist. Und bin ich alleine, spielt es weiter. Es hat ein großes Repertoire und hört nie auf zu spielen.

LIEBEN IST, eine Sinfonie zu hören. Empfänglich zu sein für alle Klänge, die zur Sinfonie gehören. Es bedeutet, ein Herz zu haben, das offen ist für alle und für alles. Können Sie sich vorstellen, ein Sinfoniekonzert zu hören und dabei nur auf die Pauken zu achten? Oder den Pauken so eine Bedeutung beizumessen, dass die übrigen Instrumente fast untergehen? Ein Musikliebhaber wird dem Klang aller Instrumente lauschen, wenn er auch ein Lieblingsinstrument haben mag. (...)

Liebe ist keine Beziehung. Sie ist ein Zustand. Die Liebe gab es schon lange vor den Menschen. Bevor es Sie selbst gab, gab es bereits die Liebe. Ich sagte Ihnen schon: ist das Auge frei, kann man sehen. Um zu lieben, kann man aber nichts tun. Würden Sie Ihre Pflichten und Schuldigkeiten verstehen, Ihre Anhänglichkeiten, Sehnsüchte, Zwänge, Vorlieben, Neigungen, und sich von all dem freimachen können, käme die Liebe... Ist das Auge frei, kann man sehen. Ist das Herz frei, kann man lieben.

LIED

DIE SCHÜLER hatten viele Fragen in Bezug auf Gott.

Sagte der Meister: „Gott ist das Unbekannte und Unerkennbare. Jede Aussage über ihn entstellt die Wahrheit."

Die Schüler waren verwirrt. „Warum sprecht Ihr dann überhaupt von Gott?"– „Warum singt der Vogel?" sagte der Meister.

Ein Vogel singt nicht, weil er eine Aussage machen will. Er singt, weil ihm ein Lied gegeben ist.

Die Worte eines Gelehrten wollen verstanden werden. Den Worten des Meisters aber soll man lauschen, wie man dem Wind in den Bäumen lauscht, dem Rauschen des Flusses und dem Lied des Vogels. Sie werden im Herzen etwas wachrufen, was alles Wissen übersteigt.

LOSLASSEN

EINEM SCHÜLER, der um Weisheit bat, sagte der Meister: „Versuch' folgendes: schließ' die Augen und stell dir vor, du und alle Lebewesen werden in einen Abgrund geschleudert. Jedes Mal, wenn du dich an etwas klammerst, um nicht zu fallen, mach' dir klar, dass es gleichfalls fällt ..."

Der Schüler versuchte es und war nie mehr derselbe.

LÜCKENBÜSSER

WENN DER SPERLING im Wald sein Nest baut, braucht er dazu nur einen einzigen Ast. Wenn das Wild am Fluss seinen Durst stillt, trinkt es nie mehr, als es vertragen kann.
Wir sammeln Dinge,
weil unsere Herzen leer sind. ☙

LIEBE HEISST NICHT, dem anderen die Einsamkeit erträglicher zu machen. Jemand fühlt sich innerlich leer und hat es furchtbar eilig, diese Leere mit jemand anderem zu füllen. Das ist keine Liebe. Um der Leere und Einsamkeit zu entkommen, flüchtet man sich in alle möglichen Aktivitäten, in irgend jemands Arme. Doch Einsamkeit lässt sich nicht durch Kontakt mit anderen heilen, sondern durch Kontakt mit der Wirklichkeit.

Wenn wir uns der Einsamkeit stellen, werden wir bald entdecken, dass es sie gar nicht gibt. Es gibt tatsächlich keine Leere! Dies sollten Sie sich gut merken. Was Sie suchen, ist bereits in Ihnen. Wenn Sie sich dem stellen, was in Ihnen ist, wird bald alles verschwinden, wovor Sie fliehen, und wird das zum Vorschein kommen, was Sie suchen. ☙

MACHT DER GEDANKEN

SAMUEL WAR SEHR niedergeschlagen, und es war ihm nicht zu verdenken. Sein Vermieter hatte ihm die Wohnung gekündigt, und er wusste nicht, wohin. Plötzlich hatte er eine Idee. Er könnte eigentlich bei seinem guten Freund Moshe wohnen. Dieser Gedanke beruhigte Samuel, bis ihm ein anderer Gedanke durch den Kopf schoss, nämlich: „Was macht dich so sicher, dass Moshe dich in seiner Wohnung aufnehmen wird?" – „Warum sollte er nicht?" sagte Samuel etwas gereizt zu dem Gedanken. „Schließlich habe ich die Wohnung gefunden, wo er jetzt lebt, habe ihm sogar das Geld vorgestreckt, damit er die Miete für die ersten sechs Monate bezahlen konnte. Das ist doch wirklich das wenigste, was er tun könnte, mich für ein oder zwei Wochen aufzunehmen, wenn es nötig ist."

Damit war die Sache erledigt, bis er nach dem Essen wieder von dem Gedanken heimgesucht wurde: „Angenommen, er weigerte sich?" – „Weigern?" sagte Samuel. „Warum in Gottes Namen sollte er sich weigern? Er verdankt mir alles, was er hat. Ich habe ihm auch seinen Job verschafft; ich habe ihn mit dieser schönen Frau bekannt gemacht, die nun seine Ehefrau ist und ihm die drei Söhne geboren hat, auf die er so stolz ist. Und er soll mir ein Zimmer für eine Woche verweigern? Unmöglich."

Damit war für Samuel die Angelegenheit erledigt, bis er ins Bett ging und nicht einschlafen konnte, weil der Gedanke zurückkehrte und sagte: „Angenommen, er weigert sich. Was dann?“ Das war zuviel für Samuel. „Wie zum Teufel könnte er sich weigern“, sagte er, und Wut stieg in ihm hoch. „Wenn der Mann heute noch lebt, verdankt er es mir. Ich rettete ihn als Jungen vor dem Ertrinken. Sollte er so undankbar sein, mich mitten im Winter auf die Straße zu schicken?“ Doch der Gedanke war hartnäckig. „Bloß einmal angenommen ...“

Der arme Samuel schlug sich damit herum, solange er konnte. Schließlich stand er morgens gegen zwei Uhr auf, ging in Moshes Wohnung, drückte so lange auf die Klingel, bis Moshe halb im Schlaf die Tür öffnete und erstaunt fragte: „Samuel! Was ist los? Warum kommst du mitten in der Nacht hierher?“

Samuel war mittlerweile so wütend, dass er sich nicht beherrschen konnte, und brüllte: „Ich werde dir erzählen, was mich mitten in der Nacht hierher bringt. Wenn du denkst, dass ich dich bitten werde, mich auch nur für einen einzigen Tag unterzubringen, täuschst du dich. Ich will mit dir nichts zu tun haben, mit dir, deinem Haus, deiner Frau oder deiner Familie. Fahrt doch alle zur Hölle!“ Mit diesen Worten machte er auf dem Absatz kehrt und ging davon.

ONKEL TOM hatte ein schwaches Herz, und der Arzt hatte ihn ermahnt, sehr vorsichtig zu sein. Als also die Familie erfuhr, er habe von einem verstorbenen Verwandten eine Milliarde Dollar geerbt, zögerte man, ihm die Nachricht zu überbringen, aus Furcht, er könnte dadurch einen Herzanfall bekommen.

Sie wandten sich um Hilfe an den örtlichen Pastor, der ihnen versicherte, er würde einen Weg finden. „Sagen Sie, Tom“, wandte sich Father Murphy an den Mann mit dem schwachen Herzen, „wenn Gott Ihnen in seiner Gnade eine Milliarde Dollar zukommen ließe, was würden Sie damit anfangen?“

Tom dachte einen Augenblick nach und sagte dann, ohne zu zögern: „Ich würde Ihnen die Hälfte für Ihre Kirche geben, Father."

Als Father Murphy das hörte, bekam er einen Herzanfall.

MORAL

„EIN GUTER TEIL unserer negativen Gefühle und Probleme, wie Unzufriedenheit, Schuldgefühle, Rastlosigkeit, Gefühle der Unzulänglichkeit usw. stammen daher, dass wir infolge unserer moralistischen Prägung uns ständig selbst dazu aufpeitschen, uns zu bessern und etwas zu leisten. Diese Gewalttätigkeit in unserem Inneren führt zur Gewalttätigkeit im Äußeren.

‚Sich selbst zu sterben' ist für das spirituelle Reifen von entscheidender Bedeutung; aber allzu oft tun wir nicht das, sondern plagen uns zu Tode – eine verhängnisvolle Verwechslung. Eine Religion, die darauf versessen ist, uns zu bessern, macht uns schließlich schlechter. Eine Religion dagegen, die als frei machend erlebt wird, bessert uns, denn sie schürt nicht diesen inneren Konflikt."

SO IST ES: Wenn man etwas entsagt, ist man ihm für immer verhaftet. Wenn man gegen etwas ankämpft, ist man mit ihm für immer verbunden. Solange man gegen etwas ankämpft, gibt man ihm Macht. Man gibt ihm soviel Kraft, wie man dafür aufwendet, es zu bekämpfen.

VIELE UNSERER Verhaltensweisen in unseren Gemeinschaften und bei der Ausbildung kommen aus Intoleranz. Und ein Großteil unserer Predigt und Morallehre ist eine verschleierte Form von Intoleranz.

MUT

EIN LÖWE GERIET in Gefangenschaft und wurde in ein Lager gebracht, wo er zu seinem Erstaunen noch andere Löwen antraf, die schon jahrelang dort waren, einige sogar ihr ganzes Leben, denn sie waren dort geboren. Er lernte bald die sozialen Betätigungen der Lagerlöwen kennen. Sie schlössen sich in Gruppen zusammen. Eine Gruppe bestand aus den Gesellschaftslöwen; eine andere ging ins Showgeschäft; wieder eine andere betätigte sich kulturell, um die Bräuche, die Traditionen und die Geschichte jener Zeiten zu bewahren, als die Löwen in Freiheit lebten. Andere Gruppen waren religiös – sie kamen zusammen, um zu Herzen gehende Lieder zu singen von einem künftigen Dschungel ohne Zäune. Einige Gruppen fanden Zulauf von denen, die sich von Natur aus für Literatur und Kunst interessierten; wieder andere waren revolutionär gesonnen, sie trafen sich, um sich gegen ihre Wärter zu verschwören oder gegen andere revolutionäre Gruppen Pläne zu schmieden. Ab und zu brach eine Revolution aus, die eine oder andere Gruppe wurde ausgelöscht, oder alle Wärter wurden umgebracht und durch andere ersetzt.

Als sich der Neuankömmling umsah, bemerkte er einen Löwen, der stets tief in Gedanken versunken schien, ein Einzelgänger, der keiner Gruppe angehörte und sich meistens von allen fernhielt. Es war etwas Seltsames um ihn, das sowohl die Bewunderung der anderen hervorrief, aber auch ihre Feindseligkeit, denn seine Gegenwart erzeugte Angst und Selbstzweifel. Er sagte zu dem Neuankömmling: „Schließ dich keiner Gruppe an. Diese armen Narren kümmern sich um alles, bloß nicht um das Wesentliche."

„Und was ist das?" fragt der Neuankömmling.

„Über die Art des Zaunes nachzudenken."

VOLLZIEHE EINEN klaren Bruch mit deiner Vergangenheit und du wirst erleuchtet werden", sagte der Meister.

„Ich werde es nach und nach tun." „Größe erreicht man allmählich. Erleuchtung vollzieht sich im Augenblick."

Später sagte er noch: „Spring! Man kann einen Abgrund nicht mit kleinen Hüpfern überwinden.

ABER WAS SIE wahrnehmen, passt in keine Formel, ob Sie Ihnen ein anderer gegeben hat oder ob sie von Ihnen selbst gefunden wurde; Ihr Wahrnehmen kann einfach nicht in Worte gefasst werden. Was kann dann ein Lehrer tun? Er kann Sie nur darauf hinweisen, was unwirklich ist, die Wirklichkeit selbst kann er nicht zeigen; er kann Ihnen die Formel öffnen, aber worauf sie hinweist, kann er nicht wiederum formulieren; er kann Ihren Irrtum aufzeigen, kann Sie aber nicht in den Besitz der Wahrheit bringen. Ein Lehrer kann höchstens in die Richtung der Wahrheit zeigen, er kann Ihnen aber nicht sagen, was zu sehen ist. Sie werden ganz allein aufbrechen und selbst entdecken müssen.

Alleine gehen, das heißt ohne alle Formeln gehen, ob sie Ihnen andere gegeben oder Sie diese aus Büchern gelernt oder sie auf Grund eigener Erfahrungen gefunden haben. Vielleicht ist dies das Beängstigendste, was ein Mensch tun kann: in das Unbekannte aufbrechen ohne den Schutz einer Formel.

NACHTRAGEN

ZWEI BUDDHISTISCHE Mönche trafen auf dem Weg zum Kloster eine außergewöhnlich schöne Frau am Flussufer. Auch sie wollte, wie die Mönche, ans andere Ufer, aber das Wasser war zu hoch. So nahm sie einer der Mönche auf den Rücken und trug sie hinüber.

Sein Begleiter war äußerst schockiert. Zwei Stunden lang schalt er ihn, die heilige Regel verletzt zu haben. Hatte er vergessen, dass er ein Mönch war? Wie konnte er wagen, eine Frau zu berühren? Und mehr noch, sie durch den Fluss zu tragen? Und was würden die Leute sagen? Hatte er nicht ihre heilige Religion in Verruf gebracht? Und so weiter und so weiter.

Der angeblich ungehörig handelnde Mönch hörte sich geduldig die nicht endenwollende Predigt an. Schließlich unterbrach er ihn und sagte: „Bruder, ich habe die Frau am anderen Ufer abgesetzt. Trägst du sie denn jetzt?“

WARUM SPRICHST DU ständig von meinen früher begangenen Fehlern?“ sagte der Ehemann. „Ich dachte, du hättest sie vergeben und vergessen.“ „Ich habe tatsächlich vergeben und vergessen“, antwortete die Ehefrau, „aber ich möchte sicher sein, dass du nicht vergisst, dass ich vergeben und vergessen habe.“

NICHT-TUN

„WAS MUSS ICH tun, um Erleuchtung zu erlangen?“

„Nichts.“

„Warum nicht?“

„Weil Erleuchtung nicht aus dem Tun kommt – sie geschieht.“

„Dann kann sie nie erreicht werden?“

„Oh doch, das kann sie.“

„Wie?“

„Durch Nichts-tun.“

„Und was soll man tun, um zum Nichts-tun zu gelangen?“

„Was tut man, um einzuschlafen oder aufzuwachen?“

DER MEISTER bestand darauf, was er lehre, sei nichts, und was er tue gleichfalls nichts.
Seine Schüler entdeckten allmählich, dass Weisheit sich bei jenen einstellt, die nichts lernen, die alles verlernen.
Diese Umwandlung ist nicht die Folge von etwas, das man getan hat, sondern von etwas, das man aufgegeben hat.

EIN JUNGER MANN kam zu einem Meister und fragte: „Wie lange werde ich brauchen, um Erleuchtung zu erlangen?“

Sagte der Meister: „Zehn Jahre.“

Der junge Mann war erschrocken. „So lange?“ fragte er ungläubig.

Sagte der Meister: „Nein, ich habe mich geirrt. Du wirst zwanzig Jahre brauchen.“

Der junge Mann fragte: „Warum habt Ihr die Zeit verdoppelt?"

Sagte der Meister: „Wenn ich es recht überlege, wird es in deinem Fall wahrscheinlich dreißig Jahre dauern."

NICHT-WISSEN

DER SUCHENDE näherte sich ehrerbietig dem Schüler und fragte: „Was ist der Sinn des menschlichen Lebens?"

Der Schüler zog die Werke seines Meisters zu Rate und erwiderte getrost mit des Meisters eigenen Worten: „Menschliches Leben ist nichts weiter als der Ausdruck von Gottes Überfluss."

Als der Suchende den Meister selbst traf und ihm die gleiche Frage stellte, sagte der Meister: „Ich weiß es nicht."

Der Suchende sagt: „Ich weiß es nicht." Das zu sagen erfordert Ehrlichkeit.

Der Meister sagt: „Ich weiß es nicht." Das erfordert ein mystisches Denken, das alle Dinge durch Nicht-Wissen erkennt.
Der Schüler sagt: „Ich weiß es." Das bedeutet Unwissenheit in der Form geborgten Wissens.

DEM MEISTER gefiel es stets, wenn Menschen ihre Unwissenheit zugaben.

„Weisheit wächst gewöhnlich im Verhältnis zum Bewusstsein der eigenen Unwissenheit", behauptete er.

Als er um eine Erklärung gebeten wurde, sagte er: „Wenn ihr einseht, dass ihr heute nicht so weise seid, wie ihr gestern geglaubt habt zu sein, dann seid ihr heute weiser."

SAGT DER indische Mystiker Saraha: „Erkenne die Süße des Duftes, der Nichtwissen heißt."

NIEMAND

SIE WERDEN NICHTS und niemanden fürchten. Ist das nicht wunderbar? Sie werden wie ein König oder eine Königin leben. Das heißt königlich zu leben und nicht so ein Unsinn, wie ihr Foto in der Zeitung zu sehen oder eine Menge Geld zu haben. Das ist es wirklich nicht. Sie fürchten niemand, weil sie vollkommen damit zufrieden sind, niemand zu sein.

OFFENBARUNG

EIN GURU VERSPRACH einem Gelehrten eine Offenbarung von größerer Bedeutung als alles, was in den Schriften stand. Als der Gelehrte ungeduldig darum bat, sie ihm mitzuteilen, sagte der Guru: „Geh hinaus in den Regen und recke Kopf und Arme himmelwärts. Das wird dir die erste Offenbarung bescheren."

Am nächsten Tag kam der Gelehrte und berichtete. „Ich folgte deinem Rat, und das Wasser floss mir den Nacken hinab. Und ich fühlte mich wie ein vollkommener Narr."

„Findest du nicht", sagte der Guru, „dass das für den ersten Tag schon eine ganz schöne Offenbarung ist?"

ORDNUNGSLIEBE

ZWEI HERREN (...) warteten spät nachts ungeduldig an der Bushaltestelle, lange nachdem die Busse den Verkehr eingestellt hatten. (...)

Aber sie sahen mehrere Busse im Depot geparkt und beschlossen, einen auszuleihen und selbst nach Hause zu fahren.

Enttäuscht stellten sie fest, dass sie den richtigen Bus nicht finden konnten. „Ist das zu glauben", sagte einer, „da stehen Hunderte von Bussen und nicht ein 36er ist darunter!"

„Das ist jetzt egal", sagte der andere. „Lass uns den 22er bis zur Endhaltestelle nehmen, und die letzten paar Kilometer nach Hause laufen."

PRÄSENZ

KURZ NACH DEM Tod von Rabbi Mokshe fragte Rabbi Mendel einen seiner Schüler: „Was hielt dein Lehrer für das Wichtigste?"

Der Schüler dachte einen Augenblick nach und sagte dann: „Das, was er im Augenblick gerade tat."

ALS EIN GAST sich freiwillig meldete, das Geschirr nach dem Essen zu spülen, sagte der Meister: „Sind Sie sicher, dass Sie wissen, wie man Geschirr spült?"

Der Mann versicherte dem Meister, dass er es sein ganzes Leben lang gemacht hätte. Sagte der Meister: „Oh, ich zweifle nicht an Ihrer Fähigkeit, das Geschirr sauber zu machen, ich bezweifle nur, ob Sie es wirklich waschen können."

Seinen Schülern sagte er daraufhin zur Erklärung: „Es gibt zwei Möglichkeiten, Geschirr zu spülen: die eine, es zu waschen, um es sauber zu machen; die andere, es zu waschen, um es zu waschen."

Das war weit davon entfernt, den Schülern nun einzuleuchten! Deshalb fügte der Meister hinzu: „Das erste ist ein totes Tun, denn während euer Körper Geschirr spült, ist euer Geist auf den Zweck fixiert, es sauber zu machen; das zweite ist ein lebendiges Tun, weil dabei nämlich euer Geist dort ist, wo euer Körper ist."

„ERLEUCHTUNG", sagte der Meister, „heißt, genau zu wissen, wo du dich in jedem Moment befindest – eine keineswegs leichte Aufgabe."

Und er erzählte von einem allseits geliebten Freund, der noch in seinen hohen achtziger Jahren Einladungen zu Dutzenden von Feiern erhielt. Einmal wurde er auf einer Party entdeckt und gefragt, wie vielen er an diesem Abend seine Aufwartung machte.

„Sechs", sagte der ältere Herr, ohne den Blick von seinem kleinen Notizbuch zu heben.

„Was machen Sie da? Sehen Sie nach, zu wem Sie als nächstem gehen müssen?" fragte ihn jemand.

„Nein", antwortete der dynamische Bursche. „Ich stelle fest, wo ich gerade bin."

PRAXIS

EIN MÖNCH begab sich einst zu Buddha und sagte: „Überlebt die Seele des Gerechten den Tod?"

Bezeichnenderweise gab Buddha keine Antwort.

Aber der Mönch war hartnäckig. Jeden Tag stellte er die gleiche Frage, und jeden Tag war die Antwort Schweigen, bis er es nicht länger aushielt und drohte, das Kloster zu verlassen, wenn diese lebenswichtige Frage nicht beantwortet würde,- denn wozu opferte er alles, um in dem Kloster zu leben, wenn die Seele des Gerechten nicht den Tod überdauerte?

Da erbarmte sich Buddha und sprach: „Du bist wie jener Mann, der, von einem vergifteten Pfeil getroffen, den sicheren Tod vor Augen hatte. Die Verwandten holten eilends einen Arzt, aber der Mann weigerte sich, den Pfeil herausziehen oder ein Heilmittel auf die Wunde auftragen zu lassen, wenn nicht zunächst drei lebenswichtige Fragen beantwortet würden:

Erstens, war der Mann, der auf ihn geschossen hatte, ein Weißer oder ein Schwarzer? Zweitens, war er groß oder klein? Und drittens, war er ein Brahmane oder ein Kastenloser? Ehe er nicht Antwort auf diese drei Fragen erhielte, weigerte sich der Mann, irgend etwas zu tun, um seinen Tod zu verhindern."

Der Mönch blieb im Kloster. Es ist viel angenehmer, über den Weg zu reden, als ihm zu folgen, die Zusammensetzung der Medizin zu diskutieren, als sie einzunehmen.

PROPAGANDA

EIN DORFPRIESTER wurde in seinen Gebeten durch spielende Kinder unter seinem Fenster abgelenkt. Um sie loszuwerden, rief er: „Unten am Fluss ist ein schreckliches Ungetüm. Lauft hin, dann werdet ihr sehen, wie es Feuer aus seinen Nasenlöchern bläst."

Bald hatte jeder im Dorf von dem grässlichen Wesen gehört, und alles stürzte zum Fluss. Als der Priester das sah, schloss er sich der Menge an. Keuchend lief er hinunter zum Fluss, der vier Meilen entfernt war, und dachte: „Richtig, ich habe ja die Geschichte erfunden. Aber man kann nie wissen!"

Es ist einfach leichter, an die von uns geschaffenen Götter zu glauben, wenn wir andere von ihrer Existenz überzeugen können.

REGENTROPFEN

SCHAU AUF DIE Regentropfen,
die auf ausgedörrten Boden fallen ...
auf Bäume ...
und Dachgiebel ...
Sieh ihren ungeformten Zustand in den Wolken ...

wie sie dann Gestalt
und Eigenständigkeit annehmen ...
wie sie zu Boden fallen und sich verlieren ...

Schau auf die Regentropfen an deinem Fenster ...
einen Augenblick bleiben sie für sich allein stehen ...
dann bilden sie kleine Rinnsale ...
in denen die einzelnen aufgesaugt
und davongetragen werden ...

Sieh, wie dasselbe mit den Wolken geschieht,
und den Bäumen
und Blättern
und Vögeln
und Tieren
und Menschen
und mit dir selbst...

Wir stehen einen Augenblick allein ...
nur um sogleich in den Strom des Lebens
aufgesogen zu werden
und davon zu fließen...

REICHTUM

DER SANNYASI hatte den Dorfrand erreicht und ließ sich unter einem Baum nieder, um dort die Nacht zu verbringen, als ein Dorfbewohner angerannt kam und sagte: „Der Stein! Der Stein! Gib mir den kostbaren Stein!"
„Welchen Stein?" fragte der Sannyasi.

„Letzte Nacht erschien mir Gott Shiva im Traum", sagte der Dörfler, „und sagte mir, ich würde bei Einbruch der Dunkelheit am Dorfrand einen Sannyasi finden, der mir einen kostbaren Stein geben würde, so dass ich für immer reich wäre."

Der Sannyasi durchwühlte seinen Sack und zog einen Stein heraus. „Wahrscheinlich meinte er diesen hier", sagte er, als er dem Dörfler den Stein gab. „Ich fand ihn vor einigen Tagen auf einem Waldweg. Du kannst ihn natürlich haben."

Staunend betrachtete der Mann den Stein. Es war ein Diamant. Wahrscheilich der größte Diamant der Welt, denn er war so groß wie ein menschlicher Kopf.

Er nahm den Diamanten und ging weg. Die ganze Nacht wälzte er sich im Bett und konnte nicht schlafen. Am nächsten Tag weckte er den Sannyasi bei Anbruch der Dämmerung und sagte: „Gib mir den Reichtum, der es dir ermöglicht, diesen Diamanten so leichten Herzens wegzugeben."

REISEN

DER PREDIGER war in verschiedene fremde Länder unterwegs.

Sagten die Schüler: „Glaubst du, dass Reisen den Geist weiter werden lässt?"

„Nein", gab der Meister zur Antwort, „es weitet nur seine Beschränktheit auf ein größeres Gebiet aus."

„WARUM REISEN Sie so wenig?", fragte ein Reporter.

„Das Gesicht nur eines Menschen oder nur ein Ding jeden Tag des Jahres anzusehen und dabei immer auf etwas Neues zu stoßen, ist ein weitaus größeres Abenteuer, als irgendeine Reise bieten kann", erwiderte der Meister.

RELIGIONEN

MEIN FREUND und ich gingen auf die Messe. *Die Weltmesse der Religionen.* Keine Handelsmesse, eine religiöse Messe. Aber der Wettbewerb war genauso verbissen, die Reklame genauso laut.

Am jüdischen Stand erhielten wir Prospekte, die besagten, Gott sei allbarmherzig und die Juden sein auserwähltes Volk.

Am islamischen Stand erfuhren wir, Gott sei voller Gnade und Mohammed sein einziger Prophet. Das Heil erlange man, wenn man auf den einzigen Propheten Gottes höre.

Am christlichen Stand entdeckten wir, dass Gott die Liebe sei und es außerhalb der Kirche keine Rettung gäbe. Nur ein Mitglied der Kirche läuft nicht die Gefahr ewiger Verdammnis.

Beim Hinausgehen fragte ich meinen Freund: „Was hältst du von Gott?"

Er erwiderte: „Er ist engstirnig, fanatisch und grausam."

Wieder zu Hause fragte ich Gott: „Was hältst du von einer solchen Sache, Herr? Merkst du nicht, dass man dich jahrhundertelang in Misskredit gebracht hat?"

Gott sagte: „Ich habe die Messe nicht organisiert. Ich hätte mich geniert, auch nur hinzugehen."

RELIGION ist keine Frage von Ritualen
oder wissenschaftlichen Studien.
Auch ist sie keine Art Kult
und kein Vollbringen guter Taten.
Bei der Religion geht es darum,
die Unreinheit des Herzens zu tilgen.
Das ist der Weg zur Begegnung mit Gott.

„ICH MÖCHTE IHNEN die gute Nachricht meiner Religion verkünden", sagte der Prediger.

Der Meister war ganz Ohr.

„Gott ist die Liebe. Er liebt uns und belohnt uns auf ewig, wenn wir seine Gebote befolgen."

„Wenn?" sagte der Meister. „Dann ist die Nachricht doch nicht so ganz gut, oder?"

RUHESTÖRUNG

HÖREN SIE NUR zu, um bestätigt zu bekommen, wovon Sie ohnehin überzeugt sind, oder hören Sie zu, um etwas Neues zu entdecken? – ein wichtiger, aber für Schlafende schwieriger Unterschied.

Jesus verkündete die gute Nachricht und wurde doch zurückgewiesen; nicht, weil sie gut war, sondern weil sie neu war. Wir verabscheuen das Neue. Wir lehnen es ab! Und je eher wir uns dieser Tatsache stellen, um so besser. Wir wollen keine Neuerungen, besonders dann nicht, wenn sie unsere Ruhe stören, wenn sie Veränderungen nach sich ziehen. Und noch weniger, wenn man sich sagen muss: „Ich habe einen Fehler gemacht."

SCHATZ

ICH BIN ein Schatz.
Eines Tages hat mich irgend jemand irgendwo
entdeckt.
Ich hätte keine Ahnung von meinem Wert,
wenn mich nicht irgend jemand gefunden hätte.

Ich rufe mir ins Gedächtnis,
unter welchen Umständen ich gefunden wurde,
und erlebe alles noch einmal ...

Ich bin ein Schatz mit vielen Facetten.
Manches lag in mir verborgen,
was verschiedene Menschen hervorgeholt
und mir gezeigt haben.
Ich sehe mir voll Freude
alles und jedes davon an
und erinnere mich dankbar jener Menschen,
die es entdeckt haben ...

Schließlich stehe ich vor dem Herrn
und finde zu meiner Überraschung,
dass er mich als Schatz betrachtet ...
In seinen Augen sehe ich
den Widerschein der vielen entzückenden Facetten,
die nur er in mir bemerkt haben kann ...
und ich ruhe in der Liebe, die er mir schenkt ...

SCHAUEN

SCHAUT EUCH nicht suchend um nach Gott", sagte der Meister. „Schaut einfach – und alles wird sich zeigen."

„Aber wie soll man schauen?"

„Jedes Mal, wenn du etwas ansiehst, sieh' nur das, was da ist und nichts sonst."

Die Schüler waren verwundert, also sagte der Meister es einfacher: „Wenn ihr zum Beispiel den Mond betrachtet, seht nur den Mond und nichts sonst."

„Was könnte man denn noch sehen außer dem Mond, wenn man den Mond betrachtet?"

„Jemand, der Hunger hat, könnte einen Käselaib sehen, ein Liebender das Gesicht seiner Geliebten."

STELLEN SIE SICH den Schrecken vor, der einen Reichen überfällt, wenn er die kläglichen Lebensbedingungen der Armen sich wirklich vor Augen hält, einen machthungrigen Diktator, wenn er wirklich das Elend der Menschen sieht, die er unterdrückt, einen Fanatiker oder einen Selbstgerechten, wenn er die Falschheit seiner Überzeugungen wirklich sieht, die sich nicht mehr mit den Tatsachen decken; den Schrecken, der einen romantischen Liebhaber überfällt, wenn er wirklich sehen will, dass er nicht seine Geliebte liebt, sondern das Bild, das er sich von ihr gemacht hat. Denn das Schmerzlichste, das ein Mensch tun kann, das, wovor er sich am meisten fürchtet, ist das Sehen. In solchem Sehen wird die Liebe geboren, oder genauer gesagt, Sehen ist Liebe.

Sobald Sie zu sehen beginnen, wird Sie Ihr Zartgefühl zum Gewahrwerden führen, und zwar nicht nur der Dinge, die Sie sehen wollen, sondern auch aller anderen. Ihr armes Ego wird verzweifelt versuchen, dieses Zartgefühl abzustumpfen, weil seine Schutzmauern beiseite geräumt werden und es ohne Sicherheit und Halt dasteht. Wenn Sie sich jemals erlauben zu sehen, bedeutet das den Tod Ihrer Selbstsucht. Darum ist Liebe so erschreckend, denn lieben heißt sehen, und sehen heißt sterben. Doch es ist auch die wunderbarste, beglückendste Erfahrung auf der ganzen Welt. Denn im Tod des eigenen Ich ist Freiheit, Frieden, Gelassenheit und Freude.

SCHÖNHEIT

SCHÖNHEIT ist eine Art, die Dinge zu sehen.

ZU EINEM SOZIALARBEITER sagte der Meister: „Ich fürchte, du richtest mehr Schaden an, als du Gutes tust."

„Warum das?"

„Weil du dich nur für eine der beiden Forderungen der Gerechtigkeit einsetzt."

„Nämlich?"

„Der Arme hat ein Recht auf Brot."

„Und was ist die andere Forderung?"

„Der Arme hat ein Recht auf Schönheit!"

SCHWEIGEN

„JEDES WORT, jedes Bild, das man für Gott gebraucht, dient eher der Verzerrung als einer Beschreibung."

„Wie spricht man also von Gott?"

„Durch Schweigen."

„Warum sprecht Ihr dann in Worten?"

Darüber lachte der Meister lauthals. Er sagte: „Wenn ich spreche, mein Lieber, darfst du nicht auf die Worte hören. Höre auf das Schweigen."

SAGTE DER MEISTER:

„Als du noch im Mutterleib warst, hast du geschwiegen. Dann wurdest du geboren und fingst an zu sprechen, sprechen, sprechen – bis der Tag kommt, da man dich ins Grab legt. Dann wirst du wieder still sein.

Fange dieses Schweigen ein, das im Mutterleib war und im Grab sein wird und selbst jetzt dieses Intervall von Lärm unterläuft, das Leben heißt. Dieses Schweigen ist dein tiefstes Wesen."

SELBST-VERGESSENHEIT

ES WAR EINMAL ein Mann, der war sehr dumm. Jeden Morgen, wenn er aufwachte, fiel es ihm so schwer, seine Kleidung wiederzufinden, dass er beinahe Angst hatte, ins Bett zu gehen, bei dem Gedanken, welche Mühe er beim Aufwachen haben würde.

Eines Nachts ergriff er Bleistift und Schreibblock und schrieb genau die Bezeichnung jedes Kleidungsstückes auf, das er auszog, und die Stelle, wohin er es legte. Am nächsten Morgen zog er seinen Block heraus und las: „Hosen“ – da waren sie, er zog sie an. „Hemd“, da war es, er zog es sich über den Kopf. „Hut“, da war er, er stülpte ihn sich auf den Kopf.

Darüber war er sehr erfreut, bis ihm ein schrecklicher Gedanke kam. „Und ich – wo bin ich?“ Das hatte er vergessen, aufzuschreiben. Also suchte und suchte er, aber vergebens. Er konnte sich selbst nicht finden.

SELBST-VERTRAUEN

DAS ERSTE, was Erziehung einem Menschen vermitteln muss, ist die Fähigkeit, allein sein zu können, und der Mut, seinen eigenen Augen, seinem Herzen und Geist, den eigenen Beobachtungen, Gedanken und Gefühlen zu trauen.

WENN DU MICH zum Beispiel fragen würdest: „Hättest du Lust, heute Abend mit mir ins Kino zu gehen?“, könnte ich dir antworten: „Tut mir leid, ich möchte mit jemand anderem gehen; ich möchte lieber mit ihm Zusammensein.“ Das wäre völlig in Ordnung.

Es ist wunderbar, nein sagen zu können; es gehört mit zum Wachwerden. Es gehört zum Wachwerden, sein Leben so zu leben, wie man es für richtig hält.

Verstehen Sie mich recht: das hat nichts mit Egoismus zu tun. Egoistisch wäre es, zu verlangen, dass jemand sein Leben so lebt, wie Sie es für richtig halten. Das ist egoistisch. Es ist nicht egoistisch, sein Leben so zu leben, wie man es selbst für richtig hält. Der Egoismus liegt in der Forderung, dass andere Leute so leben sollen, wie es Ihrem Geschmack, Ihrem Stolz, Ihrem Nutzen oder Ihrem Vergnügen entspricht. Das ist wirklich egoistisch. Deshalb schütze ich mich. Ich fühle mich nicht dazu verpflichtet, mit dir zusammen zu sein, ebenso wenig fühle ich mich dazu verpflichtet, ja zu sagen.

SELBST-ZUFRIEDENHEIT

„WAS SOLL ICH tun, um meinen Nächsten zu lieben?"

„Hör auf, dich zu hassen."

Der Schüler grübelte lange und ernsthaft über diese Worte nach, kam dann zurück und sagte: „Aber ich liebe mich zu sehr, denn ich bin selbstsüchtig und egozentrisch. Wie kann ich mich davon befreien?"

„Sei freundlich zu dir, und dein Selbst wird zufrieden sein und dich freisetzen, deinen Nächsten zu lieben."

SINN

SOBALD SIE DIE Welt aus der Sicht einer Ideologie betrachten, sind Sie am Ende. Keine Wirklichkeit passt in eine Ideologie, das Leben ist mehr als das. Darum suchen die Menschen immer nach einem Sinn des Lebens. Aber das Leben hat keinen Sinn; es kann keinen Sinn haben, denn Sinn ist eine Formel; Sinn ist etwas, was unserem Verstand vernünftig erscheint. Immer, wenn Sie meinen, in der Wirklichkeit einen Sinn zu sehen, stoßen Sie auf etwas, was den Sinn wieder zunichte macht. Sinn ist nur zu finden, wenn Sie über den Sinn hinausgehen. Das Leben hat nur Sinn, wenn Sie es als Mysterium verstehen; für einen begrifflich denkenden Verstand hat es keinen Sinn.

SORGE

STELLEN SIE SICH vor, Sie sind bei einem Konzert und hören die wunderbarste Musik. Auf einmal fällt Ihnen ein, dass Sie vergessen haben, den Wagen abzuschließen. Sie werden unruhig. Sie können weder hinausgehen, um abzuschließen, noch können Sie sich mehr auf die Musik konzentrieren. Und vorbei ist es mit dem Kunstgenuss. Sie sitzen in der Zwickmühle. Eine perfekte Momentaufnahme vom Leben der meisten Menschen!

SPIEL

IM KARTENSPIEL, das leben heißt, spielt man das zugeteilte Blatt, so gut man kann.

DER MEISTER spielte gerne Karten und verbrachte einmal mit einigen seiner Schüler während eines Luftangriffs die ganze Nacht beim Pokern. Als sie eine Pause einlegten, um etwas zu trinken, kamen sie auf den Tod zu sprechen.

„Wenn ich mitten in diesem Spiel tot umfallen würde, was würdet ihr dann tun?“ fragte der Meister.

„Was möchtest du, dass wir tun sollten?“

„Zwei Dinge. Zuerst die Leiche fortschaffen.“

„Und dann?“

„Die Karten neu austeilen“, sagte der Meister.

STÄRKE

„GIBT ES WEGE, die eigene geistige Stärke zu messen?“

„Viele“.

„Nennt uns einen.“

„Findet heraus, wie oft ihr euch im Laufe eines einzigen Tages aufregt.“

STATUS

EINE GRUPPE TOURISTEN fuhr durch eine wunderschöne Gegend. Doch die Vorhänge des Zuges waren zugezogen, so dass keiner der Reisenden die geringste Ahnung hatte, wie es draußen aussah. Sie waren die ganze Zeit damit beschäftigt, darüber zu debattieren, wer auf den Ehrenplatz dürfte, wem diese Ehre nun zustände, wer der Beste sei, wer der Schönste, wer der Begabteste. So ging es fort, bis die Reise vorbei war…

STAUNEN

ALS DER ZEN-MEISTER Erleuchtung erlangte, schrieb er zur Feier der Stunde:

„Welch außerordentliches Wunder: Ich hacke Holz! Ich schöpfe Wasser aus dem Brunnen!“ Für die meisten Menschen ist nichts Wunderbares an so prosaischen Tätigkeiten wie dem Schöpfen des Wassers aus einem Brunnen oder dem Holzhacken. Nach der Erleuchtung ändert sich im Grunde nichts. Alles bleibt dasselbe. Nur das eigene Herz ist jetzt voller Staunen. Der Baum ist derselbe Baum; und die Menschen sind die gleichen wie zuvor; und du selbst auch; und das Leben verläuft nicht anders als vorher. Du bist vielleicht genauso übellaunig oder gelassen, genauso weise oder töricht wie zuvor. Es gibt nur einen entscheidenden Unterschied: Du siehst nun alle Dinge mit anderen Augen an. Du stehst darüber. Und dein Herz ist voller Staunen.

Das ist die Essenz der Kontemplation: das Gefühl des Staunens.

STILLE

STILLE bedeutet, Worte und Gedanken hinter sich zu lassen. Was ist falsch an Worten und Gedanken? Sie schränken ein.

MANCHMAL FIEL eine Schar lärmender Besucher in das Kloster ein, und die Stille wurde zunichte.

Das ärgerte die Schüler; nicht so den Meister, der gleichermaßen zufrieden schien, ob Lärm oder Stille herrschte.

Eines Tages sagte er seinen protestierenden Schülern: „Stille ist nicht das Fehlen von Geräusch, sondern das Fehlen des Selbst."

LAUSCHE AUF DIE Natur, die erwacht,
um den neugeborenen Tag zu begrüßen ...
Achte darauf, wie die Stille und der Gesang in der
Natur ineinander übergehen:
wie mannigfaltig die Gesänge der Schöpfung sind,
wie tief ihr Schweigen.
Keiner der Laute in der Natur

stört das Ewige Schweigen, welches das Universum einhüllt.
Und wirklich, wenn du auf diese Töne horchst,
vernimmst du die Stille.

STURHEIT

„HAST DU DICH aber verändert, Henry! Du warst doch immer so groß, und jetzt kommst du mir so klein vor. Du warst doch immer so stattlich, und jetzt erscheinst du mir so schmal. Du warst doch immer so blass – und jetzt bist du so braun. Was ist mit dir los, Henry?"

Und Henry sagt: „Ich heiße gar nicht Henry, ich heiße John." –„Ach, deinen Namen hast du auch geändert!" – Wie will man solch einen Menschen zum Zuhören bekommen?

BETRACHTEN SIE es einmal so: Sie sehen die Menschen und Dinge nicht so, wie sie sind, sondern so, wie Sie sind. Wenn Sie sie so sehen wollen wie sie sind, müssen Sie Ihr Augenmerk auf die Dinge richten, an denen Sie hängen und auf die Ängste, die wegen dieser Abhängigkeiten in Ihnen entstehen. Schauen Sie auf Ihr Leben, so werden Sie feststellen, dass es die Abhängigkeiten und Ängste sind, die darüber entscheiden, was Sie wahrnehmen und was Sie verdrängen. Wovon auch immer Sie Notiz nehmen, es beansprucht Ihre Aufmerksamkeit. Und da Sie beim Sehen auswählen, besitzen Sie ein trügerisches Bild der Menschen und Dinge um Sie herum. Je länger Sie mit diesem Zerrbild leben, desto mehr sind Sie davon überzeugt, dass es das einzige wahre Bild der Welt ist, denn Ihre Abhängigkeiten und Ängste verarbeiten auch die neu eingehenden Informationen weiterhin so, dass sie das vorhandene Bild nur bestätigen. Auf diese Weise bilden sich Ihre Überzeugungen: feste, unveränderliche Sichtweisen einer Wirklichkeit, die aber weder fest noch unveränderlich ist, sondern immer in Bewegung und im Wandel. Dadurch ist es nicht mehr die wirkliche Welt, auf die Sie eingehen und die Sie lieben, sondern eine Welt, die in Ihrem Kopf entstanden ist. Nur wenn Sie von Ihren starren Überzeugungen ablassen, Ihre Ängste und die Abhängigkeiten aufgeben, die diese Ängste erst hervorrufen, werden Sie von der Empfindungsarmut befreit sein, die Sie so taub und blind sich selbst und der Welt gegenüber macht.

EINE ALTE FRAU beobachtete, dass ihr Hahn mit wissenschaftlicher Präzision jeden Tag genau vor Sonnenaufgang zu krähen begann. Sie folgerte daraus, dass das Krähen ihres Hahnes die Sonne veranlasste, aufzugehen. Als ihr Hahn plötzlich starb, kaufte sie ganz schnell einen neuen, damit die Sonne auch bestimmt am anderen Tag aufging.

Eines Tages zerstritt sie sich mit ihren Nachbarn und kündigte bitterböse an, sie werde mit ihrer Schwester aus dem Dorf wegziehen.

Als ihr Hahn am nächsten Tag zu krähen begann, und die Sonne etwas später sich ruhig über dem Horizont erhob, wurde ihr bestätigt, was sie schon immer gewusst hatte: die Sonne ging nun hier auf, und ihr früheres Dorf lag in Dunkelheit. Aber sie hatten es ja nicht anders gewollt!

Sie wunderte sich zwar, dass ihre früheren Nachbarn nie kamen, um sie zu bitten, doch mit ihrem Hahn wieder in das Dorf zurückzukehren. Sie schrieb das einfach ihrer Sturheit und Dummheit zu.

SUCHE

„ENTSCHULDIGUNG", sagte ein Fisch aus dem Ozean zu einem anderen. „Du bist älter und erfahrener als ich und kannst mir wahrscheinlich helfen. Sag mir, wo kann ich die Sache finden, die man Ozean nennt? Ich habe vergeblich überall danach gesucht."

„Der Ozean", sagte der ältere Fisch, „ist das, worin du jetzt schwimmst."

„Das? Aber das ist ja nur Wasser. Ich suche den Ozean", sagte der jüngere Fisch sehr enttäuscht und schwamm davon, um anderswo zu suchen. Er kam zu dem Meister im Sannyasi-Gewand. Und er sprach in der Sprache der Sannyasi: „Jahrelang habe ich nun nach Gott gesucht. Ich bin von zu Hause weggegangen und habe überall nach Ihm Ausschau gehalten, wo Er angeblich sein soll: auf Bergesgipfeln, im Herzen der Wüste, in der Stille der Klöster und in den Behausungen der Armen."

„Hast du ihn gefunden?" fragte der Meister.

„Ich wäre ein eitler Lügner, sagte ich ja. Nein, ich habe Ihn nicht gefunden. Und Ihr?"

Was konnte ihm der Meister antworten? Die Abendsonne sandte goldene Strahlen in den Raum. Hunderte von Sperlingen tschilpten vergnügt auf einem nahen Feigenbaum. In der Ferne konnte man Straßenlärm hören. Ein Moskito summte warnend am Ohr, dass er gleich zustechen würde... und doch konnte dieser gute Mann dasitzen und sagen, er hätte Gott nicht gefunden, er würde immer noch nach ihm suchen.

Nach einer Weile verließ er enttäuscht das Zimmer des Meisters, um anderswo weiterzusuchen.

Kleiner Fisch, hör auf zu suchen, es gibt nichts zu suchen. Sei einfach still, öffne die Augen und sieh dich um. Du kannst es nicht übersehen.

DIE GEISTLICHE SUCHE ist eine Reise,
die keine Entfernung überwindet.
Man reist von dort, wo man sich gerade befindet,
dahin, wo man schon immer war.
Von Unwissenheit zur Erkenntnis,
denn man sieht jetzt zum ersten Mal,
was man schon immer vor Augen hatte.
Wer hörte je von einem Pfad,
der dich zu dir selber führt,
oder einer Schule
die dich so formt,
wie du schon immer warst!
Spiritualität bedeutet schließlich nur,
das zu werden, was du wirklich bist.

TANZ

DIE JUDEN einer kleinen Stadt in Russland erwarteten ungeduldig die Ankunft eines Rabbi. Das kam nicht oft vor, und deshalb dachten sie lange über die Fragen nach, die sie dem heiligen Mann stellen wollten.

Als er schließlich kam, und sie mit ihm in der großen Halle der Stadt zusammentrafen, konnte er die Spannung spüren, mit der sie seine Antworten auf ihre Fragen erwarteten.

Zuerst sagte er nichts; er blickte ihnen nur in die Augen und summte eine schwermütige Melodie. Bald begannen alle zu summen. Er fing an zu singen, und alle sangen mit ihm. Er wiegte seinen Körper und tanzte mit feierlichen abgemessenen Schritten. Die Gemeinde folgte seinem Beispiel. Bald waren sie so sehr von dem Tanz gefangen, so sehr in die Bewegungen vertieft, dass sie auf nichts anderes mehr achteten; auf diese Weise wurde jeder in der Menge wieder ganz, wurde von der inneren Zersplitterung geheilt, die uns von der Wahrheit fernhält.

Fast eine Stunde verging, ehe der Tanz langsam aufhörte. Die Spannung in ihrem Inneren war gewichen, und jeder verharrte in dem schweigenden Frieden, der den Raum erfüllte. Dann sagte der Rabbi die einzigen Worte, die an jenem Abend über seine Lippen kamen: „Ich hoffe, ich habe eure Fragen beantwortet."

Ein Derwisch wurde gefragt, warum er Gott im Tanz anbete. Er erwiderte: „Gott anzubeten heißt, gegenüber seinem Ich zu sterben,- tanzen tötet das eigene Ich. Wenn das Ich stirbt, sterben alle Probleme mit ihm. Wo das eigene Ich nicht ist, ist Liebe, ist Gott."

TAPFERKEIT

NASRUDINS FRAU wollte gerne ein Haustier. Also kaufte sie einen Affen.

Nasrudin war nicht begeistert. „Was wird er fressen?“ fragte er.

„Genau dasselbe, was wir essen“, sagte die Frau.

„Und wo soll er schlafen?“

„Im Bett mit uns.“

„Mit uns? Und der Geruch?“

„Wenn ich es aushalte, wird es der Affe wahrscheinlich auch.“

TAT

EIN JUNGER MANN beschrieb voller Ungeduld, was für die Armen zu tun ihm vorschwebte.

Sagte der Meister: „Wann möchtest du deinen Traum wahr machen?“

„Sobald die Gelegenheit dafür kommt.“

„Die Gelegenheit kommt nie“, sagte der Meister, „sie ist da!“

TETSUGEN, ein Schüler des Zen, machte sich an eine gewaltige Aufgabe: den Druck von siebentausend Kopien der Sutren, die bis dahin nur in Chinesisch verfügbar waren.

Er reiste kreuz und quer durch Japan, um Geld für dieses Projekt zu sammeln. Einige reiche Leute spendeten wohl an die hundert Goldstücke, aber meistens bekam er nur kleine Münzen von Bauern. Tetsugen sprach jedem Spender den gleichen Dank aus, ungeachtet der Höhe der Spende.

Nach zehn langen Jahren des Umherreisens hatte er endlich die für das Unternehmen nötige Summe zusammen. Gerade zu dieser Zeit trat der Fluss Uji über die Ufer, und Tausende waren ohne Nahrung und Unterkunft. Tetsugen gab alles Geld, das er gesammelt hatte, diesen armen Leuten.

Dann begann er von neuem, Gelder zu sammeln. Wieder dauerte es mehrere Jahre, bis er die benötigte Summe hatte. Da brach im Land eine Epidemie aus, und wieder gab Tetsugen das gesammelte Geld den Opfern.

Er nahm von neuem seine Reise auf und zwanzig Jahre später wurde sein Traum, die Schriften auf Japanisch drucken zu lassen, wahr.

Der Druckstock dieser ersten Ausgabe der Sutren ist im Obaku Kloster in Kyoto ausgestellt. Die Japaner erzählen ihren Kindern, Tetsugen habe im ganzen drei Ausgaben der Sutren drucken lassen, die ersten beiden seien unsichtbar und weit wertvoller als die dritte.

„WENN DU KLAR und deutlich siehst, dass eine Stellung, die du eingenommen, oder ein Urteil, das du getroffen hast, sauber und unbeeinflusst von deinem Ego ist, dann hast du auch die Stärke, entsprechend zu handeln."

TEMPEL

MEIN TEMPELPRIESTER sagt mir, dass der Tempel für mich der einzige Ort ist, um zu Gott zu beten. Was sagst du dazu?"

Dein Tempelpriester ist nicht die richtige Person, die du hier um Rat fragen solltest", erwiderte der Meister.

„Aber er ist doch Experte, oder nicht?"

Darauf erzählte der Meister von einem Erlebnis, das er auf einer Reise im Ausland hatte: Als er in seinen zwei von zu Hause mitgebrachten Reiseführern blätterte, musterte sie sein Fremdenführer mit finsterer Miene und deutete dann auf das eine Buch: „Das da sehr schlechter Reiseführer, anderes Buch besser." „Warum? Enthält dieses mehr Informationen?" Der Fremdenführer schüttelte den Kopf: „Dieses Buch sagt, Fremdenführer fünf Dollar geben, anderes sagt fünfzig Cent."

NACH VIELEN JAHREN mühevoller Arbeit entdeckte ein Erfinder die Kunst des Feuermachens. Er ging mit seinen Geräten in den schneebedeckten Norden des Landes und erklärte einem Stamm die Kunst – und den Nutzen -des Feuermachens. Die Leute waren von dieser Neuerung so gefesselt, dass sie ganz vergaßen, dem Erfinder zu danken, der eines Tages unbemerkt weiterzog. Da er zu jenen seltenen Menschen mit innerer Größe gehörte, lag ihm nicht daran, in Erinnerung zu bleiben oder verehrt zu werden. Ihm genügte es, dass jemand von seiner Entdeckung Nutzen gehabt hatte.

Der nächste Stamm, zu dem er ging, war nicht weniger begierig zu lernen wie der erste. Aber die dortigen Priester, die eifersüchtig auf den Einfluss des Fremden waren, ließen ihn ermorden. Um jeden Verdacht eines Verbrechens zu zerstreuen, stellten sie ein Bild des Großen Erfinders auf den Hauptaltar der Kirche, und eine neue geschaffene Liturgie sollte seinen Namen preisen und die Erinnerung an ihn wachhalten. Streng wurde darauf geachtet, nicht eine einzige Vorschrift der Liturgie zu verändern oder auszulassen. Die Geräte zum Feuermachen wurden in einem Schrein aufbewahrt, und man sagte, sie brächten allen Heilung, die gläubig die Hände darauf legten.

Der Hohepriester selbst übernahm die Aufgabe, die Lebensgeschichte des Erfinders zu verfassen. Sie wurde das Heilige Buch, in dem seine liebevolle Güte als nachahmenswertes Beispiel dargestellt, seine ruhmvollen Taten gepriesen und seine übermenschliche Natur zu einem Glaubensartikel erhoben wurde. Die Priester achteten darauf, das Buch kommenden Generationen zu überliefern, während sie die Bedeutung seiner Worte nach ihrem Ermessen auslegten, desgleichen den Sinn seines heiligen Lebens und Sterbens. Und schonungslos bestraften sie jeden mit Tod oder Exkommunikation, der von ihrer Lehre abwich. Und während sie von diesen religiösen Aufgaben in Beschlag genommen waren, vergaßen die Leute vollständig die Kunst des Feuermachens.

THEORIE (UND PRAXIS)

DER MEISTER erzählte dem Prediger eine Parabel:

Ein Tausendfüßler ging zu einer alten, weisen Eule und klagte über Gicht. Jedes einzelne seiner vielen Beine tat ihm weh.

Was lässt sich dagegen tun?

Nachdem die Eule gründlich nachgedacht hatte, gab sie dem Tausendfüßler den Rat, ein Eichhörnchen zu werden. Mit nur vier Beinen wären neun-hundertsechsundneunzig Promille seiner Schmerzen beseitigt.

Sagte der Tausendfüßler: „Eine glänzende Idee! Jetzt sag mir noch, wie ich ein Eichhörnchen werden kann."

„Plag mich nicht damit", erwiderte die Eule. „Ich zeige nur den Ausweg."

MULLA NASRUDINS Sehnsucht nach Wahrheit war so leidenschaftlich, dass er weite Reisen unternahm, um Korangelehrte zu treffen, und er scheute sich auch nicht, im Basar Ungläubige in Diskussionen über Glaubenswahrheiten zu verwickeln.

Eines Tages sagte ihm seine Frau, wie ungerecht er sie behandele, und sie musste entdecken, dass ihr Mann für diese Art von Wahrheit nicht das geringste Interesse hatte!

TIEFSINN

„ZWEI MÄNNER saßen schweigend beisammen und schlürften eine Schale Tee. Nach einer Weile sagte der eine: ‚Das Leben ist wie ein Teller lauwarme Suppe.'

‚Wie ein Teller lauwarme Suppe?' fragte der andere. ‚Warum das?'

‚Wie soll ich das wissen, bin ich denn ein Philosoph?'"

TOD

AN JENEM TAG ging es während der öffentlichen Versammlung bei allen Fragen um das Leben jenseits des Grabes.

Der Meister lachte nur und gab keine einzige Antwort.

Seinen Schülern, die wissen wollten, warum er auswich, sagte er später: „Habt ihr nicht bemerkt, dass es ausgerechnet diejenigen sind, die nichts mit diesem Leben anzufangen wissen, die ein weiteres, ewig währendes wollen?"

„Aber gibt es nun Leben nach dem Tode oder nicht?" beharrte ein Schüler.

„Ist da Leben vor dem Tod – das ist die Frage!" sagte der Meister hintergründig.

„JEDER WEISS, dass ich keine Angst kenne", sagte der Herrscher, „doch muss ich gestehen, etwas zu fürchten: den Tod. Was ist Totsein?"

„Wie soll ich das wissen?"

„Aber du bist doch ein erleuchteter Meister!"

„Mag sein, aber noch kein toter."

ICH SCHAUE in mein Grab hinein
und finde eine Handvoll Staub
und zerbröckelte Knochen im Sarg.
Meine Augen bleiben an diesem Staub hängen,
und ich denke an mein Leben zurück:
Erfolge und Tragödien ...
Ängste und Freuden ...
Mühen, Konflikte ...
Bestrebungen und Wunschträume ...
Liebe und Abneigung ...
all das, was mein Leben ausgemacht hat.
Und all das ist nun vom Wind verweht,
vom Universum verschlungen ...
Nur noch ein wenig Staub ist übriggeblieben
als Zeichen, dass es einmal etwas gegeben hat:
mein Leben.

Wie ich so diesen Staub betrachte,
kommt es mir vor, als fiele eine schwere Last von meinen Schultern –
die Last meiner Einbildung, etwas zu bedeuten ...

Dann blicke ich auf und betrachte die Welt um mich her –
die Bäume, die Vögel, die Erde,
die Sterne, den Sonnenschein,

den Schrei eines Säuglings,
einen vorüberfahrenden Zug, die eilenden Wolken,
den Tanz des Lebens und des Universums ...
und ich weiß, dass in allem irgendwo
die Überreste jenes Menschen sind,
den ich „Ich" genannt habe,
und jenes Lebens, welches das meine war.

TOLERANZ

WAHRE TOLERANZ entsteht nur aus einem wachen Bewusstsein für die abgrundtiefe Unwissenheit, die alle, was die Wahrheit betrifft, an den Tag legen.

TRADITION

EINE HANDVOLL Weizenkörner wurde in dem Grab eines der alten ägyptischen Könige gefunden. Fünftausend Jahre alt. Irgend jemand pflanzte die Körner ein und gab ihnen Wasser. Und zu aller Erstaunen schlugen die Körner aus und keimten nach fünftausend Jahren. Wenn ein Mensch erleuchtet wird, werden seine Worte zu Samen voller Leben und Kraft. Und sie können in Form von Samen Jahrhunderte überdauern, bis sie in ein empfängliches fruchtbares Herz gesät werden.

Ich dachte immer, die Worte der Schrift wären tot und trocken. Ich weiß jetzt, sie sind voller Kraft und Leben. Es war mein Herz, das steinern und tot war, wie hätte also irgend etwas dort wachsen können?

ALS EIN SCHÜLER anmahnte, die geistliche Lehre des Meisters müsse auf den heutigen Stand gebracht werden, lachte der Meister laut auf. Dann erzählte er die Geschichte von einem Studenten, der sich in einer Buchhandlung beschwerte:

„Haben Sie keine neueren Bücher über Anatomie? Diese hier sind doch mindestens zehn Jahre alt."

Sagte der Buchhändler: „In den letzten zehn Jahren kamen zum menschlichen Skelett keine neuen Knochen hinzu, mein Lieber."

Und der Meister ergänzte: „Ebensowenig gab es irgendeinen Zusatz zu der Natur des Menschen in den letzten zehntausend Jahren."

TRAUER

EINE FRAU, die über den Tod ihres Sohnes verzweifelt war, kam zum Meister, um getröstet zu werden.

Er hörte ihr geduldig zu, als sie ihm ihr Leid klagte.

Dann sagte er sanft: „Ich kann deine Tränen nicht trocknen, meine Liebe. Ich kann dich nur lehren, wie du sie heiligen kannst."

ÜBERFLÜSSIGES

MEIN LEBEN wird keine Frucht tragen,
wenn ich nicht die Kunst lerne,
etwas beiseite zu legen,
die Kunst, die Zeit schöpferisch zu „verschwenden".
Deshalb setze ich eine bestimmte Zeit fest
für das Spiel ...
für scheinbar nutzlose
und unproduktive Liebhabereien ...
für Stille – Geselligkeit – Ausruhen ...
Und ich überlege, was ich heute schmecken
und berühren
und riechen
und anhören
und sehen will ...

UNDANKBARKEIT

„SIE HABEN ABER einen klugen Hund", sagte ein Mann, als er den Freund mit seinem Hund Karten spielen sah. „Nicht so klug, wie er aussieht", war die Antwort. „Jedes Mal, wenn er ein gutes Blatt bekommen hat, wedelt er mit dem Schwanz."

UNIVERSUM

IN EINER STERNENKLAREN Nacht ließ der Meister die Schüler in den Genuss seiner astronomischen Kenntnisse kommen:

„Das ist das Sternensystem des Andromeda-Nebels", erklärte er. „Es ist so groß wie unsere Milchstraße und sendet Lichtstrahlen aus, die mit einer Geschwindigkeit von 300000 Kilometern in der Sekunde zweieinhalb Millionen Jahre zu uns auf die Erde brauchen. Der Andromeda-Nebel besteht aus hunderttausend Millionen Sonnen, die viel größer sind als unsere Sonne."

Nach einer Weile des Schweigens sagte er mit einem Lächeln: „Nachdem wir nun die richtige Perspektive haben, lasst uns zu Bett gehen."

UNTERSCHEIDUNG

EIN GURU war so beeindruckt von dem geistlichen Fortschritt seines Schülers, dass er ihn – in der Meinung, er brauche keine Anleitung mehr – allein in einer kleinen Hütte am Ufer eines Flusses zurückließ.

Jeden Morgen pflegte der Schüler nach seinen Waschungen sein Lendentuch zum Trocknen aufzuhängen. Es war sein einziger Besitz! Eines Tages fand er es zu seiner Bestürzung zerfetzt vor, die Ratten hatten es zerbissen. Er musste deshalb die Dorfbewohner um ein neues bitten. Als die Ratten wieder Löcher hineinfraßen, beschaffte er sich eine kleine Katze. Nun hatte er mit den Ratten keinen Ärger mehr, musste aber nun nicht nur um sein eigenes Essen betteln, sondern auch noch um Milch.

Er dachte: „Diese Bettelei ist zu mühselig, außerdem eine Zumutung für die Dorfleute. Ich werde mir eine Kuh halten." Als er die Kuh hatte, musste er um Futter bitten. „Es ist einfacher, das Land um meine Hütte zu bestellen", dachte er. Aber das erwies sich auch als schwierig, weil es ihm zu wenig Zeit zur Meditation ließ. Also beschäftigte er Arbeiter, die das Land für ihn bestellten. Die Beaufsichtigung wurde aber lästig, also heiratete er, damit seine Frau ihm einen Teil der Arbeit abnahm. Nach kurzer Zeit war er einer der reichsten Männer des Dorfes.

Jahre später kam sein Guru zufällig vorbei und war erstaunt, ein herrschaftliches Haus anstelle der Hütte zu finden. Er sagte zu einem der Diener: „Wohnte hier nicht einst einer meiner Schüler?"

Ehe er Antwort erhielt, tauchte der Schüler selbst auf. „Was bedeutet das alles, mein Sohn?" fragte der Guru.

„Ihr werdet es nicht glauben wollen, Sir", sagte der Mann, „aber es gab keine andere Möglichkeit, mein Lendentuch zu behalten."

VERGANGENHEIT

„WIE SOLL ICH Ewiges Leben erlangen?"

„Ewiges Leben ist heute und jetzt. Lebe in der Gegenwart."

„Aber ich bin in der Gegenwart oder nicht?"

„Nein."

„Warum nicht?"

„Weil du deine Vergangenheit nicht abgeworfen hast."

„Warum sollte ich meine Vergangenheit abwerfen? Nicht alles an ihr ist schlecht."

„Die Vergangenheit muss abgeworfen werden, nicht weil sie schlecht ist, sondern weil sie tot ist."

VERHÄRTUNG

EIN PROPHET KAM einst in eine Stadt, um die Bewohner zu bekehren. Zuerst hörten die Leute seinen Predigten zu, aber allmählich blieben sie weg, und schließlich fand sich nicht eine Seele mehr ein, wenn er sprach.

Eines Tages sagte ein Reisender zu dem Propheten: „Warum predigt Ihr immer weiter? Seht Ihr nicht, dass Ihr Euch umsonst bemüht?"

Sagte der Prophet: „Am Anfang hoffte ich, sie zu ändern. Wenn ich immer noch laut rufe, so nur, damit sie nicht etwa mich ändern."

LEBEN STEHT im Widerspruch
zu meiner Auffassung von Gut und Böse:
dies ist gut und erstrebenswert,
jenes ist schlecht und verwerflich.
Vom Baum der Erkenntnis von Gut und Böse essen
heißt Vertreibung aus dem Paradies.
Ich muss lernen anzunehmen, was immer das Leben
bringen mag,
Lust und Leid, Schmerz und Freude.
Denn wenn ich mich dem Leiden verschließe, stirbt meine
Fähigkeit zur Freude
– ich verhärte mich
und verdränge, was ich für unangenehm und
unerwünscht halte,
und in dieser Härte und Verdrängung
liegen Starre und Tod.

VERSÄUMNISSE

ICH BETRACHTE die Myriaden von Gelegenheiten,
die ich versäumt habe,
von Talenten, die ich brachliegen liess ...
von Herausforderungen,
die ich nicht anzunehmen wagte ...
von Versprechen, die nie ernst gemeint waren
und, was noch schlimmer ist,
die niemals gehalten werden ...

Ich sehe das alles nicht mit Trauer,
nicht mit Schuldbewußtsein,
vielmehr mit geduldigem Verständnis,
denn ich will mein Leben ja ebenso
mit seinem Versagen wie mit seinen
Erfolgen lieben. ☙

VERWANDLUNG

EIN HINDUISTISCHES Sprichwort sagt: „Das Wasser wird rein, indem es weiterfließt; der Mensch, indem er weitergeht."
☙

ICH SEHNE MICH nach einem festen Grund, einem sicheren Fundament für mein Leben."

„Sieh es doch so an", sagte der Meister. „Was ist der feste Grund für den Zugvogel, der Kontinente überquert? Was ist das sichere Fundament für den Fisch, der vom Fluss in das Meer getragen wird?"

ICH DENKE NACH, wann ich zum Leben erwache ...
und wann ich tot bin ...

Ich überlege, wie ich aussehe,
wenn ich voller Leben bin ...
und in Zeiten, in denen ich tot bin ...

Leben verabscheut Sicherheit:
denn Leben heißt,
sich der Gefahr aussetzen,
sogar dem Tod.
Jesus sagt: Wer sein Leben in Sicherheit bringen will,
wird es verlieren;
und wer bereit ist, sein Leben zu verlieren,
wird es bewahren.

Ich denke an die Zeiten,
in denen ich vor Gefahren zurückgewichen bin,
bequem und in Sicherheit war ...
Das waren Zeiten des Stillstands.

Ich denke an andere Zeiten,
wo ich wagte, ein Risiko einzugehen ...
Fehler zu machen ...

ein Versager zu sein ... und ein Narr ...
von den Leuten kritisiert zu werden ...
Verwundungen auf mich zu nehmen ...
und anderen weh zu tun ...
Ich war lebendig!

Leben ist für den, der wagt.
Der Feigling stirbt.

VERWANDTSCHAFT

DER MEISTER schlenderte mit einigen Schülern an einem Flussufer entlang. Er sagte: „Seht, wie die Fische umherschnellen, wo es ihnen gefällt. Das genießen sie wirklich."

Ein Fremder, der diese Bemerkung mithörte, sagte: „Woher wisst Ihr, was die Fische genießen -Ihr seid doch kein Fisch?" Den Schülern verschlug es den Atem vor dieser, wie sie meinten, Unverschämtheit. Der Meister lächelte über diesen, wie er wohl erkannte, unerschrockenen Wissensdrang.

Er erwiderte freundlich: „Und du, mein Freund, woher weißt du, dass ich kein Fisch bin -du bist doch nicht ich?"

Die Schüler lachten über diese, wie es ihnen vorkam, wohlverdiente Zurechtweisung. Nur der Fremde war betroffen von ihrem tiefen Sinn.

Den ganzen Tag grübelte er darüber nach, kam dann zum Kloster und sagte: „Vielleicht seid Ihr wirklich gar nicht so verschieden von einem Fisch, wie ich dachte. Oder ich von Euch."

VERWECHSLUNG

„LIEBLING“, sagt eine Frau auf einer Party zu ihrem Mann, „trink lieber nicht mehr. Du siehst schon so verschwommen aus.“

WIR SEHEN Menschen und Dinge nicht so, wie sie sind, sondern wie wir sind.

WAS IST ZU TUN, um eine glückliche, liebevolle, friedvolle Welt zu schaffen? Wir müssen eine einfache, schöne, aber schmerzvolle Kunst erlernen: die Kunst des Schauens. Das ist sie: Jedesmal, wenn Sie gereizt oder über jemanden verärgert sind, schauen Sie nicht auf ihn oder sie, sondern auf sich selbst.

WACHHEIT

„KANN ICH SELBST irgend etwas tun, um erleuchtet zu werden?“

„Genau so wenig wie du dazu beitragen kannst, dass die Sonne morgens aufgeht.“

„Was nützen dann die geistigen Übungen, die Ihr vorschreibt?“

„Um sicher zu gehen, dass du nicht schläfst, wenn die Sonne aufgeht.“

SPIRITUALITÄT, geistliches Leben, heißt Wachsein, heißt, sich von Illusionen zu lösen. Spiritualität bedeutet, nie der Willkür eines bestimmten Geschehens, einer Sache oder eines Menschen ausgeliefert zu sein. Spiritualität ist, die Goldmine in sich selbst gefunden zu haben. Die Religion soll Sie dahin führen.

WAHRHEIT

EINEM GAST, der sich selbst einen Wahrheitssucher nannte, sagte der Meister: „Wenn du die Wahrheit suchst, musst du vor allem anderen eine Sache besitzen.“

„Ich weiß, ein unbezwingbares Verlangen nach Wahrheit.“

„Nein. Eine nie nachlassende Bereitschaft zuzugeben, dass du Unrecht haben könntest.“

DIE WAHRHEIT, die uns befreit, ist fast immer eine Wahrheit, die wir lieber nicht hören wollen.

Sagen wir also, irgend etwas sei nicht wahr, meinen wir nur allzu oft:

„Ich höre das nicht gerne!“

WAHRHEIT LÄSST sich nicht mit Worten ausdrücken. Sie wird plötzlich erkannt, als das Ergebnis einer bestimmten Einstellung. Somit könnten Sie mir durchaus nicht zustimmen und doch die Wahrheit erkennen. Vielmehr muss eine Einstellung der Offenheit bestehen, geprägt vom Willen, etwas Neues zu entdecken. Darauf kommt es an und nicht auf Ihre Zustimmung oder Ablehnung. Letzten Endes ist das meiste, was ich Ihnen sage, doch wieder Theorie. Keine Theorie deckt die Wirklichkeit angemessen ab. Deshalb kann ich Ihnen nichts von der Wahrheit sagen, sondern nur etwas von den Hindernissen auf dem Weg zur Wahrheit.

WANDEL

IN EINEM WÜSTENLAND gab es wenig Bäume und es war schwierig, frische Früchte zu bekommen. Man erzählte, Gott wollte sicher gehen, dass genug für jeden da war, und so erschien er einem Propheten und sagte: „So lautet mein Gebot für das ganze Volk heute und für alle künftigen Generationen: niemand soll mehr als eine Frucht täglich essen. Schreib das in das Heilige Buch. Jeder, der dieses Gesetz übertritt, hat sich gegen Gott und die Menschheit versündigt."

Das Gesetz wurde jahrhundertelang getreu eingehalten, bis Wissenschaftler Möglichkeiten entdeckten, die Wüste in fruchtbares Land zu verwandeln. Das Land wurde reich an Getreide und Vieh. Und die Bäume bogen sich unter der Last nicht geernteter Früchte. Aber das Fruchtgesetz wurde auch weiterhin von den zivilen und religiösen Behörden des Landes durchgesetzt.

Jeder, der darauf hinwies, es sei eine Sünde gegen die Menschheit, Früchte auf den Bäumen verfaulen zu lassen, wurde als Gotteslästerer angesehen, der die Moral zersetze. Diese Leute, hieß es, die die Wahrheit von Gottes Heiligem Wort in Frage stellten, ließen sich leiten von dem selbstgefälligen Geist der Vernunft, und es fehle ihnen der Geist des Glaubens und des Gehorsams, der allein die Wahrheit verkünde.

In den Kirchen wurde in den Predigten häufig auf die Gesetzesbrecher hingewiesen, die ein böses Ende genommen hatten. Nie wurden diejenigen erwähnt, die ebenfalls ein schlechtes Ende genommen hatten, obwohl sie das Gesetz treu befolgt hatten, oder die, denen es gutging, obwohl sie es gebrochen hatten.

Das Gesetz konnte nicht geändert werden, weil der Prophet, der es angeblich von Gott erhalten hatte, schon lange tot war. Vielleicht hätte er den Mut und Verstand besessen, das Gesetz zu ändern, da sich die Umstände verändert hatten, denn für ihn war Gottes Wort nicht etwas, das zu verehren war, sondern das zum Wohle der Menschen benutzt werden sollte ...

Die Folge war, dass einige Leute offen über das Gesetz, Gott und die Religion spotteten. Andere brachen es insgeheim und stets mit dem Gefühl des Unrechts. Die große Mehrheit befolgte es rigoros und hielt sich schließlich für heilig, nur weil sie an einer sinnlosen, überholten Gewohnheit festhielte, die sie aus Angst nicht abschüttelte.

DER MEISTER wurde gefragt: „Was ist Geistigkeit?“ Er sagte: „Geistigkeit ist das, was im Menschen eine innere Verwandlung bewirkt.“

„Aber wenn ich die von den Meistern überlieferten traditionellen Methoden anwende, ist das nicht Geistigkeit?"

„Wenn es für dich nichts bewirkt, ist es nicht Geistigkeit. Eine Decke ist keine Decke mehr, wenn sie dich nicht wärmt."

„Also ändert sich Geistigkeit?"

„Die Menschen ändern sich und brauchen Veränderungen. Was also einst Geistigkeit war, ist heute keine mehr. Was im allgemeinen unter der Bezeichnung Geistigkeit läuft, ist nur noch die Erinnerung an vergangene Methoden."

Schneide den Mantel so zu, dass er dem Menschen passt. Schneide nicht den Menschen zu, dass er in den Mantel passt.

WARUM

AUF DER STRASSE traf ich ein kleines, frierendes Mädchen, zitternd in einem dünnen Kleid, ohne Hoffnung, etwas Warmes zu essen zu bekommen. Ich wurde zornig und sagte zu Gott: „Wie kannst du das zulassen? Warum tust du nichts dagegen?"

Eine Zeitlang sagte Gott nichts. Aber in der Nacht antwortete er ganz plötzlich: „Ich habe wohl etwas dagegen getan. Ich habe dich geschaffen."

WEISHEIT

DER GOUVERNEUR legte sein hohes Amt nieder und ging zum Meister. Er begehrte, von ihm unterrichtet zu werden.

„Worin wünschen Sie von mir unterrichtet zu werden?“ fragte der Meister.

„In Weisheit“, war die Antwort.

„Ach, mein Freund, wie gern würde ich das tun, gäbe es da nicht ein größeres Hindernis.“

„Was denn?“

„Weisheit kann nicht unterrichtet werden.“

„Also gibt es nichts, was ich hier lernen kann.“

„Weisheit kann erlernt, aber sie kann nicht unterrichtet werden.“

DIE WEISHEIT FINDET, wer die Hindernisse abreißt, die man mit seinen Begriffen und seiner Beeinflussbarkeit errichtet hat; Weisheit lässt sich nicht erwerben: Weisheit ist nicht Erfahrung: Weisheit wendet nicht die Illusion von gestern auf die Probleme von heute an.

WEITE

EIN SCHÜLER beklagte sich über die Gewohnheit des Meisters, alle seine hochgehaltenen Überzeugungen über den Haufen zu werfen.

Sagte der Meister:

„Ich lege Feuer an den Tempel deiner Überzeugungen, denn wenn er niedergebrannt ist, wirst du eine ungehinderte Sicht auf den weiten, grenzenlosen Himmel haben."

WIRKLICHKEIT

AN EINEM BITTERKALTEN Tag drängten sich ein Rabbi und seine Schüler um ein Feuer. Einer der Schüler, Sprachrohr seines Meisters, sagte: „Ich weiß genau, was an einem so eiskalten Tag wie heute zu tun ist."

„Was?" fragten die anderen.

„Warm halten. Und wenn das nicht möglich ist, weiß ich immer noch, was zu tun ist."

„Was?"

„Frieren".

Die jeweilige Wirklichkeit kann in Wahrheit weder abgelehnt noch angenommen werden.

Vor ihr davonlaufen, ist, als laufe man seinen eigenen Füßen davon.

Sie anzunehmen, ist, als küsse man die eigenen Lippen. Man kann nichts anderes tun als sehen, verstehen und ruhig sein.

WÖRTER (und Begriffe) sind Bezeichnungen, nicht Spiegelungen der Wirklichkeit. Aber, sagen die östlichen Mystiker, wenn der Weise auf den Mond zeigt, sieht der Dummkopf nur den Finger!

Ich stelle mir vor, dass ich mich an einen einsamen
Ort zurückziehe,
um mir die Wohltat des Alleinseins zu gönnen,
denn Einsamkeit ist eine Zeit,
in der ich die Dinge sehe, wie sie sind.

WISSEN

WIRKLICH WISSEN heißt, von diesem Wissen verändert zu werden.

WUNDER

ES GESCHAH EINMAL, dass ein Schüler des muslimischen Mystikers Bahaudin Naqshband gefragt wurde: „Sagt mir, warum verbirgt Euer Meister seine Wunder. Ich habe persönliche Hinweise, die zweifelsohne beweisen, dass er an mehr als einem Ort gleichzeitig war; dass er Menschen durch die Kraft seiner Gebete geheilt hat, ihnen aber sagt, es sei das Werk der Natur,- dass er Menschen, die Kummer hatten, geholfen hat, es dann aber ihrem Glück zuschreibt. Warum tut er das?“

„Ich weiß genau, was Ihr sagen wollt“, antwortete der Schüler, „denn auch ich habe diese Dinge beobachtet. Und ich glaube, ich kann Eure Frage beantworten. Zunächst schreckt der Meister davor zurück, im Mittelpunkt der Aufmerksamkeit zu stehen. Und zweitens ist er überzeugt, dass wenn Menschen erst einmal beginnen, sich für das Wunderbare zu interessieren, sie keine Lust mehr haben, etwas von wirklich geistlichem Wert zu lernen.“

ZEITMANGEL

ALS DER MEISTER den Gouverneur zur Meditation einlud und die Antwort erhielt, er sei zu beschäftigt, sagte er ihm: „Ihr erinnert mich an einen Mann, der mit verbundenen Augen im Dschungel umhergeht – und zu beschäftigt ist, die Binde abzunehmen."

Als der Gouverneur vorgab, keine Zeit zu haben, sagte der Meister: „Es ist ein Irrtum, dass Meditation aus Zeitmangel nicht möglich ist. Der wahre Grund ist ein rastloser Verstand."

ZWEIFEL

ICH SAGE NICHT, dass Anbetung und Verehrung nicht wichtig sind, aber ich sage zugleich, dass der Zweifel unendlich wichtiger ist als Anbetung. Überall suchen die Menschen nach etwas, das sie anbeten können, aber ich habe noch keine Menschen gefunden, die in ihren Einstellungen und Überzeugungen wach genug sind. Wie froh wären wir, wenn Terroristen ihre Ideologie weniger anbeten und mehr in Frage stellen würden. Trotzdem wollen wir das nicht auf uns beziehen …

ZUM SCHLUSS

WENN ICH LEBENDIG sein will,
muss ich lernen, in jedem Augenblick zu sterben,
das heißt, Lebewohl zu sagen,
loszulassen, voranzugehen!

Ist das geschehen, wende ich mich der Zukunft zu und sage:
„Willkommen".

Ich denke an die Arbeit, die auf mich wartet ...
an die Menschen, denen ich begegnen werde ...
an das Leben, das ich führen werde ...
an die Ereignisse, die morgen eintreffen werden ...
und ich breite meine Arme aus
um den Anruf der Zukunft
willkommen zu heißen ...

QUELLEN

WIRKLICHKEIT: Schäfer S. 34; Schäfer S. 61; Meditation S. 14
WISSEN: Vogel S. 86
WUNDER: Schäfer S. 110f.

ZEITMANGEL: Schäfer S.32.
ZWEIFEL: Punkt S.177.
ZUM Schluss: Meditation S.131.

Die Zitate in der Einführung stammen aus:

Schäfer S. 14
Weisheit S. 6 und
Dschung Dsi, Das wahre Buch vom südlichen Blütenland, übers. von Richard Wilhelm, München 1994, S. 131

Die Texte stammen aus folgenden Werken Anthony de Mellos, alle Verlag Herder:

Dass ich sehe. Meditation des Lebens. Aus dem Englischen von Mathilde Wiedmann, Freiburg, 1985 [Meditation].

Der springende Punkt. Wach werden und glücklich sein, Freiburg, 4. Aufl. 2006 [Punkt].

Die Fesseln lösen. Einübung in erfülltes Leben. Aus dem Portugiesischen von Irene Lucia Johna, Freiburg, 2. Aufl. 2006 [Fesseln].

Eine Minute Unsinn. Aus dem Englischen von Robert Johna. Freiburg, 4. Aufl. 1993 [Unsinn].

Eine Minute Weisheit. Aus dem Englischen von Ursula Schottelius. Freiburg, 1986 [Weisheit].

Mit allen Sinnen meditieren, Anstöße und Übungen. Aus dem Portugiesischen übertragen von Irene Lucia Johna, Freiburg, 1997 [Sinnen].

Warum der Schäfer jedes Wetter liebt. Aus dem Englischen von Ursula Schottelius. Weisheitsgeschichten, Freiburg, 4. Aufl. 2008 [Schäfer].

Warum der Vogel singt. Aus dem Englischen von Ursula Schottelius. Weisheitsgeschichten Freiburg, 2. Aufl. 1984 [Vogel].

Wer bringt das Pferd zum Fliegen? Aus dem Englischen von Ursula Schottelius. Weisheitsgeschichten. Freiburg, 2. Aufl. 1989 [Pferd].

Wie ein Fisch im Wasser. Anleitung zum Glücklichsein. Aus dem Englischen von Irene Lucia Johna,. Freiburg, 3. Aufl. 2008 [Fisch].

Wir hörten den Vogel singen, Meisterliche Weisheit von und mit Anthony de Mello hrsg. v. Aurel Brys u. Joseph Pulickal. Aus dem Englischen von Bernhardin Schellenberger, Freiburg, 2003 [Wir hörten].